Juin 96

À mon cher vieux Jonathan c'est-à-dire : à garder...

Absolutely

ENTRETIENS
AVEC GEORGES POMPIDOU

DU MÊME AUTEUR
aux Éditions Albin Michel

Français choisissons l'espoir

Lettre ouverte aux Français
sur la reconquête de la France

Trois Républiques pour une France
Mémoires — I : Combattre
Mémoires — II : Agir (1946-1958)
Mémoires — III : Gouverner (1958-1962)
Mémoires — IV : Gouverner autrement (1962-1970)
Mémoires — V : Combattre toujours (1969-1993)

Entretiens avec le général de Gaulle (1961-1969)

Michel Debré

de l'Académie française

ENTRETIENS AVEC GEORGES POMPIDOU

1971-1974

Albin Michel

Ce livre a bénéficié de l'aide précieuse
d'une historienne, Anne Simonin, à qui j'exprime
ma profonde reconnaissance et à qui je le dédie.

© Éditions Albin Michel, S.A., 1996
22, rue Huyghens, 75014 Paris
ISBN 2-226-08487-8

Introduction

Vingt ans après... Certains jugeront que c'est trop court alors que pour moi qui ai vécu ces années, j'ai l'impression qu'un monde sépare la vie politique d'hier de celle d'aujourd'hui. Des hommes qui occupaient le premier plan ont disparu ou ne sont plus en activité ; certains problèmes ont trouvé leur solution, heureuse ou malheureuse, mais, surtout, l'esprit qui nous habitait n'est plus. Qui, à de rares et importantes exceptions près, se soucie aujourd'hui d'être gaulliste ? Or, si une question était à nos yeux fondamentale, c'est bien celle-là. Nous avions hérité d'une exigence : assurer le rayonnement de la France. C'est sur les moyens à employer pour réaliser cet objectif que nos analyses divergeaient.

On va le voir, je ne fus pas toujours d'accord avec Georges Pompidou. Et si je lève aujourd'hui le voile sur certaines tensions qui ont existé entre nous, ce n'est pas pour régler des comptes. La vieillesse et la maladie sont causes de souffrances au quotidien, mais sources de sérénité. Au terme de mon existence, je regarde différemment ce que fut ma vie politique, ses passions et ses échecs. Avec Georges Pompidou, nous nous sommes accordés et nous nous sommes combattus, dans, me semble-t-il, un respect mutuel. Celui, peut-être, que l'on n'éprouve que pour un vieil ami dont on connaît les forces mais aussi les faiblesses. La maladie de Georges ne modifia pas fondamentalement nos rapports ; elle augmenta encore l'admiration que j'éprouvais pour l'homme quand le politique me décevait.

Pour évoquer mes relations avec celui qui fut le président de la République de 1969 à 1974, j'ai la chance d'avoir conservé dans mes archives personnelles les notes prises, à partir d'avril 1971, à la suite de chaque entretien important. Je dictais, le jour même ou le lendemain, le contenu de notre conversation à ma secrétaire Janine Letrosne. Sans que j'y prenne garde, les notes se sont accumulées. Serrées dans un dossier, rangées dans un coffre, elles étaient exclusivement destinées à mon usage personnel. Je savais qu'un jour ou l'autre j'éprouverais le besoin de les consulter et d'y chercher la réponse à une question lancinante : comment être gaulliste sans de Gaulle ? Si je suis resté ministre après le départ du Général, j'ai toujours su que ce serait pour un moment très bref. Il a cependant duré jusqu'en mars 1973. J'ai dû pour cela surmonter bien des réticences et des déceptions. Ce n'est pas un hasard si j'ai commencé à prendre des notes au printemps 1971. Le Général n'était plus depuis quelques mois. Sa disparition, qui eût pu me rapprocher de Pompidou, produisit l'effet inverse. Qui de nous deux serait le plus « pur », le « meilleur » gaulliste ? La réponse à cette question importait peu, elle était pourtant omniprésente dans mes rapports avec Pompidou et entraîna mon départ du gouvernement. Je n'ai jamais pensé être le détenteur d'une « vérité gaulliste » mais, me comportant en gaulliste, m'interdisant de me désolidariser du président de la République, de prendre la tête d'une opposition, j'exigeais de pouvoir dire ce que je pensais. Dans l'intérêt de ma carrière politique, j'aurais parfois mieux fait de me taire. On ne se refait pas.

Revenant sur ces années, je n'ai pas voulu donner libre cours à ma seule mémoire, même immédiate. J'ai choisi de compléter mes comptes rendus d'entretiens par une sélection de lettres, puisées dans une correspondance qui ne s'interrompt qu'avec la mort de Georges Pompidou, et dont je publie ici non l'intégralité, mais l'ensemble des pièces permettant de suivre l'évolution de nos rapports personnels. Hormis le souci de faire entendre la voix de Georges Pompidou, c'était pour moi la façon de dresser le tableau de relations qui n'ont pas débuté en 1971, mais vingt-cinq ans auparavant, au lendemain de la Libération, de les inscrire dans une continuité dont ne rendent pas compte les seuls entretiens qui en retranscrivent les temps forts, souvent houleux.

Mme Georges Pompidou et son fils, le professeur Alain Pompidou, m'ont autorisé à publier des lettres inédites de Georges Pompidou.

Qu'ils en soient ici vivement remerciés.

EN RELISANT NOS LETTRES...

Je rencontre Georges Pompidou, en 1945, au cabinet du général de Gaulle. Notre première entrevue a lieu dans le bureau de René Brouillet qui, à la demande de Gaston Palewski, l'a recruté comme chargé de mission afin de préparer les discours du Général. Ce qui frappe en lui, dès l'abord, c'est son intelligence. Quand je le connaîtrai mieux, je m'apercevrai qu'il manifeste une qualité rare : il va au cœur du sujet, à l'essentiel du premier coup. J'ai rencontré peu d'hommes qui disposent d'une telle capacité de synthèse. Je n'ai pas souvenir des sentiments que j'ai provoqués chez ce jeune professeur mais je me rappelle avoir été surpris par son attitude durant l'Occupation. Il était anti-allemand, un point c'est tout. Le Général ne voulait pas dans son entourage de gens compromis avec les Allemands, et Pompidou ne l'avait pas été ; il n'exigeait cependant pas de tous ses collaborateurs qu'ils eussent été résistants. Cette absence d'engagement pendant les « années noires » demeura une blessure jamais cicatrisée chez Pompidou.

Georges Pompidou ne commence à avoir une réelle influence politique sur le Général qu'en 1947, au temps du Rassemblement du Peuple Français. Il se fait remarquer pour sa loyauté et ses qualités d'organisateur. Chef de cabinet, il est également membre de la commission Palewski, en charge de l'élaboration du programme du mouvement. André Diethelm, Raymond Aron et moi-même – qui suis rapporteur général – appartenons à cette commission. Commence alors entre nous une phase d'intimité intellectuelle. Je le vois fréquemment, notamment à la réunion hebdomadaire de notre petit groupe, installé rue de l'Université, dans un appartement que j'avais connu pendant la Résistance et qui abritait les rendez-vous de Charles Laurent et de Paul Ribière, deux responsables du mouvement clandestin Libération Nord. C'est pendant ces années que Pompidou conquiert son titre de gaulliste : il n'avait pas appartenu à la France Libre mais le Général a l'occasion d'éprouver sa fidélité au moment de sa « traversée du désert ».

Après la dissolution du RPF en 1953, Guy de Rothschild, dont le fondé de pouvoir, René Fillion, est trésorier du mouvement, est en contact avec Pompidou. Il décide de se l'attacher à titre de collaborateur personnel. Quand Pompidou me demande d'intervenir en sa faveur, la décision est déjà prise. Je me souviens qu'un soir, après dîner, la femme de Guy, Alix, m'interroge sur ce que je pense d'un homme dont elle écorche le nom. Je fais l'éloge du nouveau collaborateur de son mari. Pompidou devient vite fondé de pouvoir ; René Fillion, élu sénateur du Sénégal, est éliminé. Il en conservera une vive rancœur.

Nos routes alors divergent. Je suis de loin l'ascension exceptionnelle de Pompidou mais prends conscience de sa volonté de réussir. Tout esprit ambitieux est égocentrique et Pompidou est fort ambitieux. Son intelligence, dépourvue de toute naïveté, s'applique aux hommes aussi bien qu'aux choses. Collaborateur désormais indispensable, il est le confident de Guy de Rothschild qu'il finit, chose rare entre toutes, par tutoyer. Deux anecdotes demeurent en ma mémoire. En 1954, au moment de l'affaire de la Communauté Européenne de Défense, qui prévoit la création d'une armée franco-allemande, Pompidou m'invite à dîner avec Guy de Rothschild afin de lui expliquer ma ferme opposition à ce projet. Il me trouve un peu « excité » dans mon gaullisme... Lui-même, à l'époque, « spectateur engagé », est avant tout soucieux d'être informé le plus exactement possible de la chose publique. Satisfait d'entretenir une certaine proximité avec les milieux politiques, il ne songe pas à y faire carrière. Au lendemain d'un certain 13 mai 1958, date du coup de force d'Alger provoqué par l'incapacité de la IVᵉ République à éviter puis à dominer la guerre d'Algérie, Pompidou nous convie à déjeuner, Roger Frey et moi : « J'espère que, ni l'un ni l'autre, vous n'appartenez à cette race de fous qui travaillent pour le retour du Général. On peut le regretter, mais je vous dis qu'il ne reviendra pas ! » Or, s'il y avait bien une chose que Roger Frey et moi-même attendions, c'était le retour du Général, l'occasion historique qui lui permettrait de reprendre en main le destin de la France. L'opinion de Pompidou représente celle des milieux d'affaires : par sa bouche s'exprime leur opposition au retour du Général. Nous serons tous deux étonnés – le mot est faible – quand nous apprendrons, quelques jours plus tard, que le Général l'a choisi comme directeur de cabinet.

Pompidou joue un rôle de premier plan dans la formation du gouvernement. C'est lui qui a l'idée de me faire nommer seul ministre sans portefeuille afin de rédiger la future Constitution. Cette tâche m'agrée mais l'une de mes priorités est la réforme de la Justice. C'est donc la fonction de Garde des Sceaux que j'ambitionne et que, à ma grande surprise, j'obtiendrai. Dans le sobre bureau que l'Hôtel La Pérouse lui a aménagé hâtivement, le

Général me dira : « J'avais prévu pour vous un ministère important (en fait les Affaires étrangères) mais je vous demande d'accepter pour commencer ce petit ministère qu'est la Justice. » Je vois là l'influence de Pompidou comme je la sens dans la nomination du radical Ramonet qui, quelques jours avant de devenir ministre de l'Industrie, prônait, dans les couloirs de l'Assemblée nationale, l'arrestation du Général à titre préventif. Le Général énumère alors devant moi les principaux membres du gouvernement, auxquels je rajoute le nom de Maurice Couve de Murville, ambassadeur de France à Bonn, qui, réservé à l'égard de la Communauté Européenne de Défense, fait désormais partie de la famille gaulliste.

Pompidou est incontournable. Il est le « maître à penser » du gouvernement pour ce qui concerne l'Économie dans ses deux aspects très importants que sont les finances publiques – il arrête le budget de l'année 1959 – et la monnaie – l'idée du nouveau franc vient de lui. Il est présent aux comités que le général de Gaulle réunit dans son bureau pour l'élaboration de la Constitution. Il écoute les discussions et moi-même avec un mélange d'admiration et d'ironie puis se met à parler. Il présente au Général des hommes politiques, des syndicalistes et aussi des journalistes. Bref, en tant que directeur de cabinet, il joue un rôle politique fondamental dont le Général lui sera toujours reconnaissant.

Elu président de la République, le Général offre à Pompidou de devenir Premier ministre. Pompidou refuse et propose mon nom. « J'y pensais », répond simplement le Général. Au téléphone, il m'explique pourquoi il refuse cette fonction prestigieuse : « Le Général m'a posé la question mais je n'ai pas d'ambition politique ; je suis entré dans les affaires, j'en suis sorti pour aider le Général, mais je retourne aux affaires. Votre vocation est d'assumer la suite. » Il craint aussi les retombées intérieures de la guerre d'Algérie et du coup de force d'Alger. « Vous, vous êtes bien vu de l'armée. » C'est dire que lorsque je suis nommé à Matignon, en décembre 1958, Pompidou m'est tout à fait favorable.

Très vite, je suis absorbé par une tâche difficile. J'ai décrit, dans le tome III de mes *Mémoires*, comment je fais appel à Pompidou pour combattre l'excès de pessimisme qui conduit le Général à vouloir partir dès la présentation du nouveau gouvernement à la presse en janvier 1959. A mes yeux, Pompidou est pour nous un ami proche et un allié sûr, dont les conseils sont d'autant plus avisés qu'il est bien informé des affaires du gouvernement. Lors d'un voyage aux États-Unis, il m'adresse cette carte postale :

Cher Michel,

De très loin, je suis vos affaires. Il me semble que les événements d'Alger vous ont beaucoup servi et que, du coup, les petits problèmes et les petits hommes ont disparu dans le néant, au moins provisoire. Attention toutefois au voyage[1] ! Ici, j'ai trouvé des milieux financiers très troublés, mais je me suis déchaîné dans la contre-offensive. L'affaire d'Alger reste au premier plan des préoccupations et les journaux en parlent énormément. A bientôt (10 février). Amitiés.

Georges

Nos rapports cordiaux n'interdisent pas à Pompidou d'être sans complaisance sur mon style de gouvernement.

1. Je dois me rendre à Alger le 10 février 1959.

Je n'ignore pas, en janvier 1960, qu'il désapprouve le départ du ministre des Finances et des Affaires économiques, le populaire leader des Indépendants, Antoine Pinay, auquel succède Wilfrid Baumgartner. Qu'il réagisse si vivement témoigne d'une de ses préoccupations majeures lorsque lui-même occupera les fonctions de président de la République : gouverner avec les centristes. Puisque la décision du Général ferme momentanément cette voie, c'est à moi qu'il incombe, selon Pompidou, de faire un effort et de modifier mon attitude sur deux points : améliorer mes rapports avec les journalistes afin de tenir compte de l'opinion publique et mettre une sourdine à mon tempérament réformateur. Ce que Pompidou pense de mon action n'est pas toujours agréable à entendre mais je lui sais gré d'avoir le courage de formuler des critiques et m'efforce de les prendre en considération. Une lettre du mois de janvier 1961 témoigne que Georges Pompidou est bien pour moi un interlocuteur privilégié. Quelques jours avant que n'ait lieu le référendum sur la politique du Général en faveur de l'autodétermination de l'Algérie, je fais part à Pompidou de mes angoisses et de mes doutes :

Mercredi [4 janvier 1961]

Mon cher Georges,

Je ne puis vous cacher mes préoccupations. La thèse du Général, hier soir, était la suivante :

1°) Si je n'ai pas plus de 50 % des inscrits, je m'en vais.

2°) Si j'ai plus de 50 % des inscrits, je reste et j'applique l'article 16...

Les deux points sont inquiétants et je le lui ai dit...

1°) 50 % des inscrits...

Cela suppose qu'il n'y ait pas trop d'abstentions ; or, il y en aura beaucoup (de 25 à 30 %) – du moins je l'appréhende... S'il part, ce sera un drame. En fait, les abstentions sont autant « oui » que « non » !

2°) L'autre hypothèse n'est pas raisonnable. Me faire des difficultés pour changer quelques ministres – mais recourir à l'article 16 – ce n'est pas raisonnable[2].

Je voulais simplement vous tenir au courant. Amicalement,

M[ichel] D[ebré]

Merci de votre visite. Elle m'a fait du bien car je me sens souvent seul ! Le discours du 6 sera simplement un appel de cinq à six minutes.

En février 1961, Pompidou accepte, à ma grande surprise, la mission secrète confiée par le général de Gaulle et prend les premiers contacts avec la rébellion algérienne. Il sort enfin de sa réserve et entre, par une porte dérobée, dans le monde politique. Je ne peux que me réjouir de cette décision. J'ai raconté dans le tome III de mes *Mémoires* quelle est alors notre collaboration, entre autres comment Georges Pompidou vient me voir afin de rédiger les instructions écrites que le Général lui a demandées. Lorsque des malentendus surgissent entre nous, ils sont dissipés par de longues explications :

2. Je suis pessimiste : les « oui » dépassent les 55 % des inscrits ; les abstentions atteignent, elles, 23,5 %. Quant à l'article 16, celui qui, dans la Constitution de 1958, confère les pleins pouvoirs au président de la République, le Général abandonne l'idée de son application. Il ne le met en vigueur que quelques mois plus tard, lorsque le putsch des généraux du 23 avril 1961 à Alger met effectivement en danger la République.

Le 5 mai [1961]

Cher Michel,

Je reçois votre lettre[3]. Avant tout, je veux rectifier un point : je me suis bien mal expliqué si vous avez cru que l'allusion que le Général m'avait faite à propos de votre effacement traduisait de sa part un déni immédiat ou proche. Il s'agissait d'une opinion émise sur votre caractère et, s'agissant d'une éventuelle succession à l'Elysée (dans cinq ans normalement), de dire qu'à son avis vous n'êtes pas « quelqu'un qui fait carrière » et qu'il pensait que le jour où vous quitteriez Matignon (mais tout aussi bien dans cinq ans) ce serait pour renoncer à la politique. C'était, autrement dit, une opinion favorable de la part de quelqu'un qui n'apprécie pas les longs desseins de carrière, et non pas d'un déni ou d'une constatation de « a fait son temps ». Ceci, je vous en donne ma parole.

Là-dessus, Michel, je vous supplie, après tant de fermeté devant les orages, de ne pas céder à une lassitude quasi sentimentale. Il ne vient pas à l'idée du Général de vous remplacer. Il ne doit pas vous venir à l'idée de partir. Vous avez trop entrepris pour ne pas aller jusqu'au bout, dans tous les domaines.

Au surplus, si un jour, je vous l'ai dit, il devenait indispensable, impossible à éviter sous peine de trahison, que je vienne vous épauler, je m'y déciderais – mais à la dernière limite. Et en tout cas, ce ne pourrait être pour vous remplacer ni immédiatement, ni à terme. S'il faut que j'apporte un coup de main momentané, comme je l'ai déjà fait, je le ferai, et comme condition que mon entrée, ni par sa date, ni par le poste, ne puisse apparaître comme celle du « liquidateur de l'Algérie au profit des tomates »,

---

3. Cette lettre n'a pas été retrouvée.

idée idiote mais fortement répandue notamment à Alger. Mais ce ne peut être que pour une période limitée car mon dessein est ferme de ne pas me livrer purement et simplement à la politique. Mon goût, ce n'est pas « les affaires » mais c'est la vie privée. Il est trop profond pour que j'y renonce d'autant plus que je serai sûr d'être, au bout d'un certain temps, écœuré par les obligations de la vie publique. Il n'est par suite pas correct de chercher à être Premier ministre pour abandonner ensuite.

Tout cela, vous vous le dites peut-être aussi. Mais c'est un fait que vous avez accepté cette servitude. Vous ne pouvez pas vous y dérober. Et votre seule raison serait que le Général envisage votre départ. Mais il y a maldonne, et il ne l'envisage pas.

C'est pourquoi je vous prie et supplie de ne pas broyer du noir, de faire rapidement votre remaniement ministériel limité. Le nécessaire sera fait pour que vous trouviez en Christian [Fouchet][4] un ami et un appui dévoué et personnel. Et puis, si dans six mois, l'Algérie a évolué nettement, si un nouveau départ paraît nécessaire, alors nous reparlerons de tout cela. Si vous jugez devoir vous effacer à ce moment-là, vous pourrez toujours le faire, et avec le sentiment d'avoir fait tout ce qu'on pouvait attendre de vous ; si au contraire, comme je le pense et le souhaite et ferai tout pour que cela soit, vous continuez, nous serons ensemble si je vous suis vraiment indispensable à l'intérieur du gouvernement. Si cela est, je le ferai, pour le Général bien sûr, mais aussi pour vous, mon cher Michel à qui je pense souvent avec plus que de l'amitié. Courage encore.

Georges

4. Ambassadeur de France au Danemark ; futur Haut-Commissaire de France en Algérie (mars-juillet 1962).

Si vous vouliez reparler de tout cela, je puis passer vous voir dans la seconde moitié de l'après-midi. Faites-moi convoquer.

Fort de la certitude de pouvoir, en cas de nécessité, faire appel à Pompidou au gouvernement, je suis déçu quand il refuse la succession de Wilfrid Baumgartner aux Finances.

Le 31 juillet 1961

Mon cher Michel,

Croyez bien que je suis désolé de vous décevoir et d'ajouter à vos difficultés. Mais je ne puis accepter d'entrer au gouvernement.

Ce n'est pas à la légère que j'ai pris ma décision. J'avais été profondément touché et ébranlé par notre conversation. Mais, après avoir beaucoup réfléchi et tout examiné autour de moi, j'ai dû constater que les raisons personnelles et familiales qui m'ont jusqu'ici maintenu à l'écart de la vie publique sont plus fortes et plus impératives que jamais. Il serait inutile – et pour vous dérisoire – que je vous les expose. Croyez qu'elles sont sérieuses.

J'espère que vous me connaissez assez pour ne pas douter du caractère de ma résolution : je la prends à regret mais sans appel et je compte sur votre amitié pour m'éviter d'avoir à le redire au Général. Si, un jour, ma situation se modifiait, je vous le dirais. D'ici là, vous savez que vous pourrez toujours compter sur moi pour des tâches précises et momentanées et qui me laissent à l'écart de la vie publique proprement dite. Mais c'est tout ce que je puis faire.

Pardonnez-moi, mon cher Michel, ce surcroît de souci, et croyez à toute mon amitié.

Georges Pompidou

P-S : Je suis désolé des indiscrétions. Mais vous devez savoir que je n'y suis pour rien[5].

Le 31 juillet 1961

Mon cher Georges,

Je craignais votre décision qui me navre. J'avais besoin de vous autant par amitié que pour donner au gouvernement un esprit de politique économique. Je crois que le Général avait, a et aura besoin de vous. Vous ne pouvez imaginer à quel point je suis seul, à quel point les ministres compliquent ma tâche en jouant avec les collaborateurs de l'Elysée, à quel point, enfin et surtout, il manque, au sein du gouvernement et auprès du Général, d'un esprit à la fois fidèlement et courageusement gaulliste, en même temps que compétent. Le cher Baumgartner est aboulique, mondain et désintéressé. Je dois faire la politique budgétaire, la politique agricole, la politique des prix, la politique fiscale, la politique industrielle*. Aucun texte de réforme ne sort que je ne l'aie réclamé dix fois. Aucune nomination de personne ne se fait sans que je tape sur la table quand il s'agit d'autre chose qu'une combinaison administrative, ou de l'Inspection [des finances]. Enfin, nul ne regarde loin de soi. Votre décision me laisse, politiquement, économiquement, dans une solitude aggravée par l'hos-

---

5. Lettre communiquée par Mme Georges Pompidou que je remercie une nouvelle fois.

tilité des uns, l'inertie des autres, les calculs des troisièmes...

Avec mon amitié, mon cher Georges.

M[ichel] D[ebré]

* Et j'oublie la politique de la main-d'œuvre.

Georges Pompidou n'entre donc pas dans mon gouvernement. La fin du gouvernement Debré, ce n'est peut-être pas tant ma démission du poste de Premier ministre en janvier 1962 que ce refus de Pompidou. Il n'y aura pas de second souffle et il est désormais clair pour le Général qu'une relève existe. L'abandon de la souveraineté française sur le Sahara décidée et rendue publique par le Général, à mon insu, en septembre 1961 marque une rupture dans nos relations. Elle provoque également des réactions chez Pompidou, mais pour des raisons différentes des miennes. Quand il apprend cet abandon, Georges vient me trouver à Matignon. Il ne dissimule pas son mécontentement, pour ne pas dire une colère intime dont je perçois la profondeur à travers quelques paroles qui lui échappent : « Comment ! Abandonner le Sahara ! S'il me l'avait dit plus tôt, j'aurais pu conclure avec Boumendjel[6]. Mais alors, vous vous en souvenez, le Général m'avait interdit de céder ! » Louis Joxe, ministre d'État chargé des Affaires algériennes, en qui Georges Pompidou voit un rival possible, a reçu, pour mener à bien les négociations avec la rébellion algérienne, sur ce point capital, des instructions plus souples que les siennes. Je prends la défense du Général

6. Ahmed Boumendjel, conseiller politique du Gouvernement Provisoire de la République Algérienne.

et Pompidou finalement se calme. Il est de plus en plus clair, à mes yeux, que Pompidou est mon successeur à Matignon :

7 novembre 1961

Mon cher Georges,

J'ai eu grand plaisir à prendre dans la main votre dernier-né[7] ; à lire les premières pages de la préface où j'ai apprécié votre jugement et la forme que vous lui donniez – à parcourir le reste de l'ouvrage et à m'arrêter – ce fut mon seul arrêt – aux vers si clairs et si nets où Boileau apprécie Molière et Racine...

Je vous reverrai prochainement, au dîner amical que nous recommençons. Mais je n'y dirai pas, je crois, le fond de ce que je pense – et qui se résume en quelques réflexions dont il est juste que je vous fasse part, puisque vous avez « encouragé »! mon ascension à ce poste. A force de dire au Général ce que je pense, et parfois le lui écrire ; à force de le mettre en garde sur certains glissements de sa pensée ou sur certaines appréciations inexactes de la réalité ; d'autre part, en ce qui le concerne, à force d'entendre de la part de quelques-uns, des critiques à l'égard de mon action, enfin d'autres broutilles qui seraient sans importance si elles ne venaient pas s'ajouter à des choses importantes, la situation est de celles qui ne peuvent subsister longtemps. D'une manière ou de l'autre, du fait de ma volonté, ou de celle du Général, je serai amené prochainement à quitter Matignon. C'est une question de peu de mois,

---

7. Georges Pompidou vient de publier une *Anthologie de la poésie française* chez Hachette.

peut-être même de semaines. De votre côté, posément, réfléchissez à la suite.

En toute amitié

Michel Debré

Ma démission du poste de Premier ministre est rendue officielle le 14 avril 1962. Elle date, en réalité, du 9 janvier, date d'un long entretien avec le général de Gaulle[8]. Pompidou est mon successeur. La passation de pouvoirs a lieu dans une atmosphère cordiale. Pour faciliter les consultations nécessaires à la composition du nouveau gouvernement, je mets à la disposition de Pompidou un pavillon au fond du jardin de Matignon, qui dispose d'une entrée particulière rue de Babylone ; nous sommes régulièrement en contact :

Le 21 mars 1962

Mon cher Michel,

Dans des jours si chargés pour vous de préoccupations, je n'ai pas voulu vous déranger. Mais je serais heureux de pouvoir avoir avec vous une conversation un peu longue, sur un plan personnel et amical, en dehors de toute publicité. Si donc vous vouliez que nous déjeunions ensemble, je serais à votre disposition la semaine prochaine – lundi, mercredi, jeudi ou vendredi, à votre choix. Si vous en êtes d'accord, il suffira que votre secrétariat me fixe une date. Bien amicalement à vous.

Georges Pompidou

8. Reproduit *in* Michel Debré, *Entretiens avec le général de Gaulle 1961-1969*, Albin Michel, 1993, pp. 47-67.

Nous déjeunons le 26 mars 1962. Pompidou me propose de prendre le ministère des Finances. Je refuse son offre. Tout se passe dans une ambiance si détendue que, la date de mon départ étant tenue secrète, nos collaborateurs sont un peu désorientés. On ne sait plus très bien si je reste ou si je pars et si Pompidou me succède ou non...

Le 10 avril 1962

Mon cher Georges,

La réunion d'hier soir était un peu cocasse.
Cela dit :
En ce qui concerne les élections, je continue à penser que de ne pas les faire présentement me paraît assez grave[9]. Le Général ne veut pas s'engager, et je doute dès lors qu'il veuille un jour s'engager. Dans ces conditions, où irons-nous ?

Une hypothèse pourrait être envisagée : celle qui consiste à poser l'un des problèmes que nous avons évoqués hier, réforme de l'Etat, par exemple, et prévoir, de ce fait, des élections en septembre sur ce thème – mais je ne crois pas que ce soit dans son esprit, car toute dissolution amène une Assemblée maîtresse de son existence pendant un an au moins, et cette perspective l'inquiète.

En ce qui concerne le changement gouvernemental, il se fait évidemment dans des conditions dont le moins que je puisse dire c'est qu'elles ne manquent pas de pittoresque. Je ne peux guère en parler – et pour cause. Toutefois je dois vous dire ceci, que je ne pouvais dire hier soir : sans doute est-il indispensable qu'il y ait des changements au sein du gouvernement, mais il s'y

9. Les élections législatives auront lieu les 18 et 25 novembre 1962.

trouve des collaborateurs que j'ai, à l'expérience, choisis parmi les plus qualifiés ! Alors que pour ceux dont
j'ai dû proposer au Général le départ parce qu'ils ne
faisaient pas l'affaire, des postes honorables même
confortables ont été trouvés – pour ceux qui sont restés parce qu'ils étaient capables on ne pourra rien faire,
et même on les mettra dans une mauvaise situation,
matérielle d'abord, morale ensuite – c'est peut-être bon
d'être candidat quand on est ministre, ce n'est certainement pas bon d'être candidat quand on a cessé d'être
parlementaire depuis des mois et que l'on a pour seul
titre d'être « ministre remercié ». Cela ne vaut pas pour
tous, certes, mais cela vaut pour les plus jeunes.

C'est ce problème qui me tracasse et que je me devais
de vous signaler.

Bien amicalement.

Michel Debré

Commence alors ma « traversée du désert ». Je vais
connaître la solitude qui entoure ceux qui ne sont plus au
pouvoir, solitude d'autant plus absolue qu'elle succède à
des années d'occupation intensive et de sollicitations multiples.

Entre 1962 et 1966, je ne rencontre Pompidou qu'à
trois reprises, lors de déjeuners à son domicile personnel
qui prennent la suite des déjeuners que j'organisais à
Matignon où je réunissais ceux qui, plus tard, seront appe-
lés les « barons du gaullisme ». Après mon échec aux élections législatives en Indre-et-Loire en novembre 1962,
c'est au cours d'un de ces repas qu'il prend rang parmi
ceux qui souhaitent mon entrée à l'Assemblée nationale
comme député de la Réunion. Peu après mon élection en
mai 1963, ces rencontres informelles prennent fin. Dis-

tendues, mes relations avec Pompidou sont bonnes, en apparence même très bonnes. Je m'oppose clairement à lui sur deux textes : la réglementation des grèves du secteur public et le statut des objecteurs de conscience. Mais cela fait partie du jeu parlementaire. Je suis un député de la majorité : soutenir le gouvernement ne m'interdit pas de le critiquer sur des textes que je juge insuffisamment préparés ou incomplets. Ce soutien critique n'altère pas mes rapports avec le Premier ministre.

Mon vieil ami, Olivier Guichard, pour m'inciter à accepter la succession de Valéry Giscard d'Estaing au ministère de l'Économie et des Finances en janvier 1966 que me propose Georges Pompidou, me dépeint le ministère accordé comme le centre effectif du pouvoir, ajoutant : « Votre amitié avec Pompidou fera le reste et vous reprendrez avec le Général les relations qui étaient les vôtres avant 1962. » En réalité, le rapport de forces a évolué en ma défaveur : si je demeure un rival possible, je suis un concurrent moins dangereux. Député d'un département d'outre-mer, mon enracinement national est plus difficile. Pompidou, qui s'est incliné lors de la réélection du Général en décembre 1965, estime désormais être son successeur naturel. J'ai quitté Matignon avec le titre de dauphin, je reviens au gouvernement avec rang de ministre. Je suis cantonné au domaine économique et financier où, malgré quelques accrochages et certaines divergences d'appréciation, Pompidou soutient mon action.

Je suis scandalisé par le nombre et la variété des opposants ainsi que par le silence gardé par des ministres qui doivent tout à de Gaulle. Je l'écris à Pompidou[10].

---

10. Cette lettre n'a pas été retrouvée ; j'en reconstitue le contenu de mémoire.

[début mars 1967]

Mon cher Michel,

Votre lettre m'a désolé. J'ai vainement cherché à obtenir du Général que vous parliez avant le premier tour. Il n'a pas voulu de ministres à la télévision et a cherché à « canaliser » Giscard[11] en l'orientant sur les sujets financiers. Croyez bien que j'en ai vu les inconvénients pour vous bien que le Général n'en ait pas convenu.

Pour le deuxième tour j'ai enfin, après bien des démarches, obtenu qu'on vous donne quelques minutes. Il ne s'agissait certes pas de vous barrer mais le Général estimait qu'il fallait faire parler les Affaires sociales, les Affaires étrangères et les Armées ; les préoccupations : mettre l'accent sur le social et, je crois, aider Couve[12] et Messmer[13]. Enfin, la chose est admise.

Mais ne croyez pas que j'ai chargé Giscard de la politique économique et financière ! Avouez que je suis le dernier à qui on puisse le dire. Amitiés.

Georges Pompidou

Je ne retrouve de vrai rôle politique qu'après les mauvais résultats des législatives de mars 1967 où la majorité

11. Valéry Giscard d'Estaing, ancien ministre des Finances et des Affaires économiques (1962-1966), a réintégré l'inspection des finances.
12. Maurice Couve de Murville, ministre des Affaires étrangères, se présente pour la première fois à la députation dans le VIIᵉ arrondissement de Paris. Il sera battu par le député sortant, Edouard Frédéric-Dupont. A cause de cet échec, le général de Gaulle ne le nommera pas Premier ministre.
13. Pierre Messmer, ministre des Armées, se présente pour la première fois à la députation à Lorient. Il ne sera pas élu.

dont le gouvernement dispose à l'Assemblée est alors réduite à trois voix. Le 15 mars, au cours d'un entretien, je remets une note au général de Gaulle proposant de faire passer un important train de réformes par le biais de l'article 38[14]. Le recours aux ordonnances permettra de souder une majorité qui risque de s'effilocher au cours des différents scrutins et de montrer aux Français que le gouvernement a le souci d'agir vite afin de parfaire l'adaptation de la France au contexte européen : c'est le 1er juillet 1968 qu'entre en vigueur la dernière étape du Marché commun qui prévoit l'ouverture des frontières. Acceptée d'emblée par le Général, cette idée est bien accueillie par Pompidou. Je l'intéresse particulièrement en lui disant qu'une ordonnance pourra tenter de régler la difficile affaire de la participation des travailleurs – le fameux amendement des gaullistes de gauche Louis Vallon et René Capitant[15], accepté par Giscard au nom du gouvernement en juillet 1965. Je prépare, dans le plus grand secret, un texte mis au point avec un collaborateur désigné par Pompidou : Edouard Balladur. Le 26 avril 1967, le Conseil des ministres demande au Parlement l'autorisation d'agir par ordonnances dans le domaine économique et social pendant six mois. Seul de tous les ministres, Edgard Pisani marque son désaccord. Il donne sa démission. En réalité, il souhaitait quitter le ministère de l'Equipement depuis plusieurs semaines.

14. Reproduit *in* Michel Debré, *Entretiens avec le général de Gaulle, op. cit.*, pp. 93-99. L'article 38 indique que, pour l'exécution de son programme, le gouvernement peut, pendant une durée déterminée, prendre par ordonnances des mesures qui sont normalement du domaine de la loi.

15. René Capitant, chef de file des gaullistes de gauche, est président de la Commission des lois à l'Assemblée nationale.

Le 3 août 1967

Mon cher Georges,

Situation mauvaise à la Bourse, plus mauvaise encore que [lorsque] j'ai fait intervenir. Je le ferai encore demain. Modérément. Mais j'ai donné des instructions plus fermes pour la semaine prochaine.

Il y a une volonté délibérée – qui vient pour partie des sociétés américaines (animées par les banques américaines, mon information est sûre) et pour partie de l'intéressement – dont je n'ose trop parler par crainte d'une intervention de Capitant auprès du Général. Capitant, en effet, a refusé de défendre le texte[16] à Radio Monte-Carlo en affirmant son désaccord. Je souhaite que le Général reste ferme.

Je vous signale également une mauvaise orientation de notre balance des paiements depuis le 1er août, quelques départs de capitaux. Mais pas d'émotion à avoir : les taux d'intérêt s'élèvent aux Etats-Unis et voilà qui suffirait à expliquer ce reflux. La situation de la balance anglaise est très mauvaise. Des « swaps[17] » ont joué mais le malheur des autres ne suffit pas à me ragaillardir.

Je pars ce soir pour la Réunion.

Bien amicalement.

Michel Debré

16. Trois ordonnances concernent « l'intéressement des salariés ». La participation aux bénéfices s'applique obligatoirement aux entreprises bénéficiaires, employant au moins cent salariés et aux entreprises publiques et nationales précisées par décret. La participation concerne 4,9 millions de salariés sur une population active de 20 millions de personnes.

17. Opération d'échange de monnaie entre deux banques centrales.

Vos collaborateurs ont laissé entendre aux miens qu'il ne fallait désormais qu'un très petit nombre d'ordonnances. Je suis bien d'accord pour faire quelques coupes mais il y a des textes importants, utiles et nous avons tout intérêt d'abord à agir ; ensuite à bien montrer que nos pouvoirs n'étaient pas seulement pour les textes qui vont sortir le 9.

Les ordonnances sont mon idée. Pompidou, après avoir limité leur durée et leur objet, s'en attribue la paternité. Le Général le laisse faire et même, dans sa conférence de presse, la lui reconnaît. Le 22 août 1967, conscient de la tâche qu'il reste à accomplir, j'adresse une note au Général qu'il communique à Pompidou[18]. Celui-ci furieux de mon analyse politique – je n'ai jamais eu le culte des centristes et considère que les prises de position antigaullistes de Valéry Giscard d'Estaing exigent une réaction de la part du gouvernement – et de l'ampleur du programme des réformes qui me paraissent indispensables, s'exclame devant moi : « Si le Général avait accepté les idées de cette note, quelle serait la figure du gouvernement ? » De fait, mes relations avec Pompidou se refroidissent.

Le 28 août 1967

Mon cher Premier Ministre

J'ai donné, pour ce qui concerne l'agriculture et l'aménagement du territoire, un certain nombre d'accords qui me coûtaient... Etant bien entendu qu'en contrepartie certains textes ou certaines dispositions feraient l'objet d'un retrait.

---

18. Note reproduite *in* Michel Debré, *Entretiens avec le général de Gaulle, op. cit.,* pp. 123-127.

Je m'aperçois, à mon retour de Londres, qu'il n'en est rien. Je tiens donc, avant la réunion de demain, à bien spécifier que je retire les accords que j'avais donnés et qui étaient expressément conditionnels.

Je n'ai jamais voulu agir de cette façon, mais je suis contraint de le faire, en regrettant ces mœurs ministérielles.

Recevez, mon cher Premier Ministre, l'expression de mes sentiments les meilleurs et amicalement dévoués.

Michel Debré

Soucieux du fait que le ministre de l'Economie et des Finances ne doit pas imposer sa politique au gouvernement, et quoique plus sévère que Pompidou déjà candidat dans la lutte contre l'inflation naissante, je rétablis avec lui de bonnes relations jusqu'aux événements de mai 1968. En Conseil des ministres, j'étais assis à la gauche du Général, Pompidou lui faisait face ; il nous arrivait fréquemment d'échanger de petits mots sur divers sujets :

[*Mot manuscrit envoyé en Conseil des ministres, le 10 octobre 1967*]

[...] 5/ Je vous signale que les services de Giscard[19] sont en train d'éplucher le dernier rapport de la Cour des comptes pour y chercher toutes les critiques utilisables et vous mettre dans les pattes des propositions de contrôle, d'économie, etc. voire des blâmes !

G[eorges] P[ompidou]

19. Valéry Giscard d'Estaing est, depuis le 6 avril 1967, président de la Commission des finances, de l'économie générale et du plan de l'Assemblée nationale.

[*Mot manuscrit envoyé en Conseil des ministres, le mercredi 20 décembre 1967*]

Michel,

Votre réaction me trouble mais je vous assure que la tendance des prix en 1967 n'a pas été mauvaise. [...] De plus je vous assure qu'il ne faut pas trop parler de hausse des prix, même pour la combattre, sans quoi vous la créerez. La psychologie est essentielle et aussi bien on verra les consommateurs accélérer leurs achats, les commerçants se prémunir contre les hausses éventuelles... ce qui, pour le coup, créera la hausse.

J'aurais voulu vous donner satisfaction sur le 6 au lieu de 6,05 mais je crois vraiment que c'était un risque politique sans commune mesure avec le petit inconvénient économique et d'ailleurs, vous l'avez vu, le Général était du même avis avant que je lui aie parlé.

G[eorges] P[ompidou]

Ce qui est vrai et préoccupant c'est qu'en France les prix ne baissent jamais ! Seulement c'est dû à ce que nous n'acceptons jamais de subir une véritable récession alors que l'Allemagne l'accepte avant de repartir !

Le ton de notre correspondance redevient, pour un temps, moins formel :

[*Mot manuscrit, le 26 avril 1968*]

Cher Michel,

[...] Mais puisque je vous fais ce mot et qu'il est si rare de pouvoir parler un peu, je vous demande instamment de <u>veiller au grain</u> au Parlement en mon absence[20] – à tous égards. Chaban a des préoccupations qui pour lui – et c'est normal – l'emportent en ce moment sur le reste ; Roger [Frey], vous le savez, est tout dévoué mais parfois un peu imprécis. Nous avons des adversaires ou plutôt des ennemis acharnés – je parle dans la majorité. Inutile de les nommer. Ils sont peu nombreux mais n'ont qu'une chose à faire, du matin au soir : chercher à nous nuire. Et nos amis sont à la fois fidèles, nerveux, passant de l'accablement à l'irritation et au durcissement. Il faut continuer à ménager le P[rogrès] et D[émocratie] M[oderne] et se montrer impeccables avec les R[épublicains] I[ndépendants]. Vous êtes de mon avis. Et il faut veiller à gagner le plus de temps possible pour les propositions de loi sur la publicité et l'ORTF, par tous les moyens[21].

Je compte beaucoup sur vous pour y veiller en mon absence, pour prolonger au maximum les débats sur les textes financiers et économiques avant de gagner quelques jours, pour réconforter nos amis et leur expliquer la manœuvre etc. etc. Merci. Amitiés.

Georges Pompidou

Nous affrontons ensemble la tourmente de mai 1968.

---

20. Il est prévu que Georges Pompidou quitte, le 2 mai, la France pour une dizaine de jours. Il se rend d'abord en voyage officiel en Iran puis en Afghanistan.

21. L'introduction de la publicité à l'ORTF – à laquelle Georges Pompidou est favorable – provoque, depuis le début du mois d'avril, de vifs incidents au Parlement. Le 24 avril, la motion de censure déposée par l'opposition contre le gouvernement est rejetée, mais elle recueille 236 voix (sur les 244 requises).

Le 15 mai 1968

Mon cher Georges,

Vous avez fait un excellent discours et marqué autant de points qu'il était possible d'en marquer[22].

Ma préoccupation vient :

1/ du pourrissement dans l'université et ses conséquences ;

2/ du délai des réformes.

En ce qui concerne le premier point, un processus extraordinaire est en train de se produire et qui porte, comme prévu, mais plus rapidement que prévu, sur la grève des examens. Je vous mets en garde contre la tentation d'accepter le fait comme définitif. Outre les difficultés sans nombre qui résulteront de cette situation, et dont l'on fera grief au gouvernement, cette abdication risque de donner aux syndicats ouvriers et paysans le désir d'agir sans tarder – et nous allons tout droit à la crise majeure[23]. Il me paraît donc nécessaire d'envisager un « travail de sage » pour permettre un rétablissement des examens suivant une forme simplifiée. J'en ai parlé à Jobert[24] et à Pierre Laurent[25].

En ce qui concerne le deuxième point, vous avez eu raison de dire à l'Assemblée qu'on ne pouvait pas se

22. De retour à Paris le 11 mai, alors que la « nuit des barricades », qui a provoqué 460 interpellations, vient d'avoir lieu au Quartier latin, Georges Pompidou joue la carte de l'apaisement. Il désavoue implicitement l'action menée en son absence par le gouvernement et annonce la libération des manifestants arrêtés ainsi que le dépôt d'une loi d'amnistie.

23. Le 16 mai, la grève « officielle » de la Régie Renault déclenche un mouvement de grèves qui paralysent la France jusqu'à la fin du mois.

24. Michel Jobert, directeur de cabinet de Georges Pompidou.

25. Pierre Laurent, secrétaire général du ministère de l'Education nationale.

hâter. C'est bien ce qu'il fallait dire. Mais je pense que ce n'est pas ce qu'il faut faire. Et si nous réussissons à atteindre, sans naufrage, les rives de l'été, c'est pendant l'été qu'il faut mettre au point ce qui sera proposé et discuté dès l'automne. En écrivant cela, il me semble que je suis optimiste.

En fin de compte, il faut tenter – si possible – de ne pas se tromper car la voie est étroite entre un renoncement brutal du Général et l'application de l'article 16 !

Bien amicalement.

Michel Debré

[*Mot manuscrit (sans date, mai 1968). Mention : « dimanche »*]

Cher Michel

J'étais trop fatigué et j'avais trop de travail pour vous voir hier samedi ou aujourd'hui.

Mais je vous remercie de votre coup de téléphone qui m'a réconforté. Nous ne sommes pas nombreux à tenir dans les moments difficiles.

En toute amitié.

Georges Pompidou

La rupture survient entre nous à la fin du mois de mai 1968. Pompidou, contrairement à sa promesse, refuse que j'assiste aux négociations menées avec les syndicats au ministère des Affaires sociales, dites négociations de Grenelle. Je ne cache mon mécontentement ni à son collaborateur, Edouard Balladur, qui me téléphone pour m'annoncer la mise à l'écart du ministre de l'Economie et des Finances, ni au général de Gaulle, que je rencontre en tête à tête le 26 mai. Je suis favorable aux négociations. Je n'ignore pas qu'elles doivent aboutir rapidement et, au vu de la situation, je sais que cette aventure coûtera cher à l'économie française. Il me semble néanmoins nécessaire de dire aux participants à quel point, en remettant en cause le coût de revient de l'économie, nous risquons d'aggraver les problèmes de l'emploi. Pompidou et le gouvernement s'orientent dans une autre voie. Le 27 mai, les accords de Grenelle sont refusés. Les événements de mai 1968 ont non seulement bouleversé les prévisions budgétaires en cours pour 1969 mais imposé, à la hausse, une révision des dépenses pour 1968. Il faut donc établir un nouveau collectif budgétaire. L'atmosphère gouvernementale est tendue :

[*Mot manuscrit (sans date, mai 1968)*]

M. Debré

Je vous recommande la prudence dans la rédaction des lettres aux ministres. Un texte abrupt risque d'amener un ministre mauvais coucheur à vous répondre : Faites mon budget vous-même, je refuse d'en prendre la responsabilité.

C'est pour cela que j'ai tenu à montrer qu'il y avait quelques soupapes... Il dépendra de vous, de moi et du Général que les décisions fiscales soient ce qu'il faut ; mais il n'y a pas lieu de donner l'impression qu'elles sont préétablies et que la décision budgétaire est une duperie.

G[eorges] P[ompidou]

Après la victoire gaulliste aux élections législatives de juin[26], Maurice Couve de Murville devient Premier ministre. Je suis, dans son gouvernement, ministre des Affaires étrangères. Pompidou vient me voir à deux reprises au Quai d'Orsay, une fois notamment pour m'interroger sur la politique du Général après l'entrée des troupes du Pacte de Varsovie à Prague et se réjouir d'apprendre que la politique de détente avec Moscou ne sera pas remise en cause.

Le 29 août 1968

Mon cher Georges,

Je ne sais si vous venez prochainement à Paris. Mais dès que vous aurez de nouveau foulé l'asphalte de la capitale, passez-moi un appel téléphonique. Il serait utile que je vous parle d'un problème politique d'avenir.

Vous avez dû passer un mois d'août de bonne qualité, du point [de vue] du repos. Avez-vous quelque peu souffert de la brusque coupure, avec tout ce qui en a résulté d'inactivité ? Pour ce qui me concerne, la réadaptation – la normalisation ! – avait pris un certain temps.

Je ne vous cacherai pas que je suis préoccupé. Puisque je le suis toujours – et que je trouvais toujours que vous ne l'étiez pas assez [...]. Mais cette fois, et malgré le succès de juin, ou à cause de ce succès, j'appréhende non seulement une action insuffisante,

26. Aux élections législatives des 23 et 30 juin 1968, l'Union pour la Défense de la République (UDR), qui remplace l'Union pour la Nouvelle République (UNR), obtient à elle seule 300 sièges et la majorité comprend 358 des 485 nouveaux députés.

mais aussi une action dans de mauvaises directions... Notamment pour l'Education.

A bientôt, du moins je l'espère, et bien amicalement.

Michel Debré

Les liens qui existent entre nous sont désormais uniquement politiques. A la mi-janvier 1969, Pompidou défraie la chronique à cause d'une « petite phrase » prononcée lors d'un voyage privé à Rome : « Ce n'est, je crois, un mystère pour personne que je serai candidat à une élection à la présidence de la République lorsqu'il y en aura une. » Le Général est furieux : il dicte, en Conseil des ministres, un communiqué vengeur[27]. Pour ma part, je ne suis pas ému outre mesure.

Samedi 25 janvier 1969

Mon cher Georges,

Je suis désolé du contretemps qui contraint à annuler le déjeuner du 29. Mais vous savez comme moi et même mieux que moi les exigences d'un déjeuner collectif gouvernemental.

Que vous dire au demeurant ? Depuis mai 1968, je suis atteint d'une sorte de misanthropie à l'égard de la politique. C'est un mauvais état d'esprit, je reconnais, et il faut que je m'en sorte car, en toute hypothèse, l'avenir ne peut qu'être un avenir de combat.

---

27. « Au sujet de l'exercice de la fonction du chef de l'Etat, le général de Gaulle a dit au Conseil des ministres : "Dans l'accomplissement de la tâche nationale qui m'incombe, j'ai été, le 19 décembre 1965, réélu président de la République pour sept ans par le peuple français. J'ai le devoir et l'intention de remplir ce mandat jusqu'à son terme." »

J'ai chargé Olivier [Guichard[28]] de trouver une autre date pour ce déjeuner.
Bien amicalement.

Michel Debré

Lundi 27 [janvier 1969]

Mon cher Michel,

Merci de votre mot. J'aurais bien voulu vous voir à ce déjeuner. C'était pour moi l'occasion de vous dire quelques mots de mes entretiens de Rome, car venir vous voir en ce moment risque d'être interprété ou de servir de prétexte ailleurs. Et puis j'aurais été content aussi de vous dire ce qui s'est passé. Je n'y peux rien bien sûr maintenant mais rarement je fus plus innocent ou plus inconscient.

J'attends d'avoir vu Tricot[29] cette semaine pour reprendre contact avec vous quant au C[ompte] R[endu] de voyage.

Pour le reste, j'espère que ce déjeuner sera le plus vite possible.
Bien amicalement.

Georges Pompidou

Nos rapports retrouvent un peu de chaleur lorsque Olivier Guichard m'informe que Pompidou est gravement atteint par les calomnies. On raconte qu'un ministre du gouvernement précédent se livre, au cours de soirées spéciales, à des comportements scandaleux. Pompidou apprend de la bouche de Marcellin, ministre de l'Inté-

---

28. Ministre chargé du Plan et de l'Aménagement du territoire.
29. Bernard Tricot, secrétaire général de la présidence de la République.

rieur, qu'il s'agit de lui et de sa femme et que le Général, en présence de Couve, a donné le feu vert à Capitant, Garde des Sceaux, pour ouvrir une information judiciaire contre lui. J'ignore tout de cette histoire lorsque Olivier Guichard vient me la raconter. J'invite, le 6 mars, Pompidou à déjeuner afin de lui témoigner ma solidarité.

Le 7 mars 1969

Mon cher Georges,

Il me semble avoir observé en vous hier une tristesse, à propos je n'en doute pas, de cette campagne de calomnies. Je ne comprends que trop bien vos sentiments. Mais je crois ne pas déformer la réalité en disant que cette campagne ne vous atteint pas. D'une manière consciente ou non, les Français savent que les racontars de la presse sont d'origine impure et s'il est vrai que les salons parisiens (ou ce qu'on appelle les salons) répètent en bavant tout ce qui peut être dit de mal sur nous tous, donc de vous, le milieu est si menu et si fragile qu'il n'est point nécessaire d'y arrêter son attention...

Pour ce qui me concerne, ma « misanthropie » à l'égard de la politique, malgré moi, m'envahit. Je m'y suis consacré depuis plus longtemps et peut-être plus totalement que vous. Et de voir une œuvre qui fut importante, menacée, alors que juin donnait toutes les chances, me cause une profonde lassitude.

En toute amitié. [...]

Michel Debré

Le 10 mars 1969

Certes, mon cher Michel, je suis plus près du dégoût que de la tristesse... Mais à vrai dire jeudi j'étais surtout en proie à l'ennui. Oui ou non va-t-on agir ? Va-t-on donner une foi à ce pays qui l'a perdue ? C'est cela qui me lasse et m'attriste. [...] Affectueusement à vous, croyez-le, Michel.

Georges Pompidou

Dans le dernier tome de mes *Mémoires*, j'ai dit les raisons qui m'ont conduit à soutenir la candidature de Georges Pompidou à la présidence de la République.

Le 28 avril 1969

Mon cher Georges,

Faites attention au personnage dont vous m'avez parlé : le journaliste soviétique. Il n'est pas rédacteur en chef et il est connu pour une fourberie certaine au service d'un certain talent de présentation. Je ne sais même pas s'il convient que vous le receviez. Au cas où vous n'auriez pas pris d'engagement, je crois pouvoir vous le déconseiller. Si vous avez pris un engagement, soyez bref.

Puisque j'ai l'occasion de vous écrire, je vous demande de faire attention. Sans poursuivre la lutte des « oui » et des « non », il faut prendre garde aux « déloyaux » dont le concours, au regard de beaucoup, vous ferait plus de mal que de bien !

Bien amicalement.

Michel Debré

Le 28 avril 1969

Cher Michel,

J'avais accepté de voir ce journaliste soviétique mais soyez tranquille, je serai bref.

Pour le reste, Michel, permettez-moi de vous dire que je vais sans joie à cette bataille, et que, si nous la gagnons et pour la gagner d'abord, j'aurai besoin de votre amitié et de votre concours. Et ne croyez pas une seconde que je ferai si peu que ce soit risette aux traîtres.
Bien amicalement.

Georges Pompidou

Le 5 mai 1969

Mon cher Georges,

Je ne veux pas attendre demain pour vous dire deux choses.

1/ L'Eglise – en sa hiérarchie supérieure – est pour l'essentiel favorable. S'il n'y a pas de candidat marqué de son côté, cet aspect favorable naturellement s'accentuera.

2/ Tout ce qui m'est dit me montre la province, campagne et villes moyennes, fort bien disposée – je parle des éléments droite et centre. L'effort serait donc à faire dans les grandes villes – et spécialement la région parisienne.

Je parlais tout à l'heure à Guichard. J'évoquais pour vous une tournée des arrondissements et surtout des communes de banlieue. Pourquoi pas de même à Lyon, et ailleurs... La visite des faubourgs...

Allez ! Courage et bien amicalement.

Michel Debré

Je me disais aussi – au cas où vos deux heures de télévision seraient bien longues ou vous paraîtraient telles – pourquoi pas 6 à 8 minutes d'une table ronde de 4 à 5 gaullistes renommés pour leurs différences entre eux et expliquant ce qu'est l'union des gaullistes...

Le 9 mai 1969

Mon cher Georges,

1- Pouvez-vous, demain matin en allant à votre bureau, passer deux minutes au Quai : j'aurais un mot à vous dire au sujet du Général – et même deux. Prévenez-moi de l'heure à laquelle le cas échéant vous pouvez passer.

2- Poher annoncera sa candidature lundi à 12 heures. Il n'ira pas en province, restera à Paris car intérimaire[30] ! et se bornera à parler à la télévision... Quel souci d'imitation.

3- Il faut penser à faire relever ses votes.

Bien amicalement.

Michel Debré

Le 22 mai 1969

Mon cher Georges,

Le long entretien avec Zorine[31] a été curieux. Il n'avait, en effet, qu'un médiocre désir de parler des problèmes à l'ordre du jour et son seul souci était la politique intérieure ! Finalement je l'ai laissé parler. Il est bien clair que Moscou souhaite la continuation de notre politique et il a écouté les réponses que je lui faisais avec une attention qui n'était pas feinte... J'ai compris que votre adversaire avait fait des avances, dont j'ai d'ailleurs rougi intérieurement, mais dont le moins que je puisse dire c'est qu'elles n'emportèrent pas la conviction de mon interlocuteur.

30. Alain Poher, président du Sénat, assure, conformément à l'article 7 de la Constitution, l'intérim du président de la République depuis la démission du général de Gaulle le 28 avril 1969.

31. Valerian Zorine, ambassadeur de l'Union soviétique en France.

Il me paraît important, pour ce qui vous concerne, de rester dans votre ligne, de décourager les soi-disant intermédiaires – comme vous l'avez fait jusqu'à présent. Les choses sont claires désormais.
Bien amicalement.

Michel Debré

Le 5 juin 1969

Cher Michel,

Je remets de jour en jour la conversation que je voudrais avoir avec vous, faute de trouver le temps et même la force pour le faire. Car le soir je suis épuisé. Mais je vous demande de n'y voir ni manœuvre ni réticence. J'espère que lundi je pourrai venir au Quai à 12 h 30 et que nous aurons une bonne demi-heure avant le déjeuner. Croyez que j'ai bien vu tout ce que vous avez surmonté, et aussi fait pour moi et que je vous aime bien. Pardonnez-moi de le dire ainsi.
Amitiés à Ninette[32] et à vous de tout cœur, Michel.

Georges

Georges Pompidou est élu président de la République le 15 juin 1969. J'ai un long entretien avec lui, dans ses bureaux, boulevard de La Tour-Maubourg, d'où il résulte que je ne suis pas Premier ministre mais qu'il ne peut éviter de me prendre dans son gouvernement. Je suis très populaire auprès des militants et je représente une caution gaulliste. Si Michel Debré n'est pas ministre, on pensera que le Général condamne ses successeurs... Le choix de Jacques Chaban-Delmas ne me surprend pas : Pompidou

32. Mme Debré.

et lui sont favorables à l'élargissement de la majorité, mais dans des directions différentes : à gauche pour Chaban, à droite pour Pompidou. Dans la mesure où Pompidou a un réel besoin de ma présence au gouvernement, il me nomme « ministre d'Etat chargé de la Défense nationale » et non pas « ministre des Armées » comme cela avait été jusqu'alors de tradition sous la Ve République, à quoi s'ajoutent le titre de Premier ministre d'Etat et la place privilégiée en Conseil des ministres. Cette concession est stratégique : elle lui permet, en me confiant un ministère important, d'éviter de me nommer aux Finances, tout en manifestant la continuité gaullienne de son action. Je comprends le calcul mais je comprends aussi que si je n'accepte pas de rester au gouvernement dans les conditions qui me sont proposées, je n'y reviendrai probablement jamais. Me retirer des affaires en même temps que le Général aurait avalisé la thèse souvent défendue par mes ennemis que je n'étais rien d'autre que « l'homme du Général ». Or, si le Général incarnait à mes yeux une « certaine idée de la France », celle-ci continue d'exister après lui. J'accepte donc d'être ministre. Mon amitié avec Chaban remonte à la Résistance : je sais qu'il n'envisage pas de gouverner sans moi.

Le 21 juin 1969

Mon cher Georges,

J'ai vécu, depuis lundi, avec l'assurance que vous me donniez – que vous m'avez même donnée fort amicalement à deux reprises – que je resterai aux Affaires étrangères en dépit des exclusives lancées par des hommes du Comité Monnet[33].

33. Jean Monnet préside depuis sa fondation en 1956, à Paris, le Comité d'action pour les Etats-Unis d'Europe. Allusion aux oppositions

Au cours des péripéties successives de cette semaine, je me suis donc borné à observer la scène politique. Ma seule surprise a été une surprise de méthode. Je suis attaché autant que quiconque à l'ouverture : je l'ai dit à plusieurs reprises en faisant campagne pour votre élection. Cette ouverture justifiait-elle une négociation du Premier ministre avec des délégations ? J'en doute.

Cela dit, que certains cherchent à écarter du Quai d'Orsay ceux qui y furent les ministres du général de Gaulle ne me surprend pas. L'important, je le reconnais, est la continuité de la politique étrangère. Vous en êtes, je le sais, convaincu. Vous l'avez dit et répété dans votre campagne. Je suis donc bien obligé d'admettre que l'exclusive est dirigée contre moi, non contre les orientations de notre politique.

Vous imaginez les sentiments que je peux éprouver en voyant que je suis préféré, alors qu'une autre approche de la part de Chaban-Delmas aurait pu, et pourrait encore, j'en suis persuadé, changer la face des choses.

Permettez-moi de vous dire que lorsqu'il m'est demandé, en même temps que mon départ du Quai d'Orsay[34], de continuer à faire partie de l'équipe gouvernementale, je suis quelque peu surpris de n'entendre pas parler de l'Economie et des Finances, alors que M. Pinay refuse et que j'en ai exercé la responsabilité pendant deux ans et demi avant de venir aux Affaires

---

que suscitent mes opinions jugées anti-européennes. En réalité, comme les Anglais, je suis contre la supranationalité.

34. Maurice Schumann me succède aux Affaires étrangères. La « voix de Londres » était parmi les cinq députés MRP qui démissionnèrent du gouvernement le 15 mai 1962 après une conférence de presse du général de Gaulle hostile à l'intégration européenne.

étrangères. Y a-t-il aussi une exclusive de ce côté-là ?
Il me semble que j'ai le droit de savoir.

Je vous demande de croire, mon cher Georges, à mon
amitié, attristée...

Michel Debré

Je maintiens qu'une attitude ferme et claire évite-
rait mon départ d'ici – et que l'intérêt général y gagne-
rait.

Ministre de la Défense nationale, l'état de l'économie
française ne cesse cependant pas de me préoccuper. Je
suis intimement convaincu que l'on ne peut espérer son
redressement qu'au prix d'une dévaluation du franc.
J'avais, en vain, défendu cette thèse auprès du général de
Gaulle. Je n'hésite pas à la reprendre auprès de Georges
Pompidou.

Le 28 juillet 1969

Mon cher Georges,

J'ai constaté que j'avais parfois plus de regret de certaines lettres que je n'avais point écrites ou point adressées que de celles qui ont atteint en temps utile leur
destinataire, même si celui-ci se plaignait de mon excès
de correspondance, voire de mon écriture.

Je veux aujourd'hui vous exprimer, en confidence,
mon principal souci, qui est la ressemblance de ce mois
de juillet avec celui de l'an passé.

Toute l'œuvre accomplie depuis onze ans n'a été possible que grâce à l'assainissement de notre économie et
de notre monnaie. Cessant d'avoir besoin des crédits
de l'étranger, et par conséquent échappant à ses pressions, la France a pu affirmer son indépendance natio-

nale, c'est-à-dire choisir elle-même sa politique de croissance économique, sa politique étrangère, sa politique de défense. Sans bonne monnaie, il n'y a pas de bonne armée, de bonne diplomatie, de bon développement économique et social. Le sort mélancolique de l'Angleterre nous en fait une démonstration par l'absurde.

Avec les événements de mai et les accords qui ont suivi, la croyance générale dans la fatalité d'une dévaluation a rompu notre équilibre monétaire. Pourtant, en juillet 1968, on fit une surprenante erreur de diagnostic en adoptant sans discernement les mesures demandées par le CNPF et surtout la confédération des PME. Au lieu de chercher à rétablir par un réglage monétaire l'équilibre entre les biens disponibles et les moyens de paiement en circulation, le gouvernement se lança dans une « fuite en avant » aggravée par une tentative de suppression du contrôle des changes et une première approximation très imprudente du déficit budgétaire. J'avais, dans une lettre au général de Gaulle, esquissé une politique différente : encadrement du crédit, rigueur budgétaire, renforcement du contrôle des changes, examen de la durée des vacances pour l'été 1968, et dévaluation sans délai, avant de perdre nos réserves de change. Vous savez ce qui est arrivé : la crise monétaire de novembre que le Général domina comme il fallait le faire et sur laquelle il prit appui pour imposer les premières mesures de redressement.

A cette occasion encore, j'exprimai la nécessité d'une politique globale d'assainissement financier, accompagnant une dévaluation pour la fin de l'année. Peine perdue. On vécut dans le mirage d'une négociation monétaire internationale, alors que les Américains sont assez forts pour l'empêcher, et d'une réévaluation du Mark, alors que les Allemands sont assez forts pour y résister et que d'ailleurs notre problème n'en serait pas réglé pour autant. Ces deux mirages, qui en fait justifient les spéculations contre le franc, persistent. Sur le plan intérieur, les experts, comme d'habitude, sont plus soucieux de l'indice de la production industrielle et du marché de l'emploi que des équilibres monétaires. Vous dirai-je qu'on peut se demander si certains de ces experts ne voient pas avec un certain consentement intime le glissement de notre monnaie saper notre politique d'indépendance nationale?

Où allons-nous aujourd'hui?

Certes, il y a un effort budgétaire, mais je suis surpris une fois de plus de cette prédominance : je sais par expérience que la politique du budget n'est qu'un élément et qu'à vouloir trop en espérer on oublie l'essentiel.

Certes, il y a un contrôle des changes, mais il ne peut être efficace lorsqu'il s'applique à une économie libérale et ouverte sur le Marché commun. C'est pourquoi nos pertes de réserves sont bien supérieures à notre déficit commercial. Et des millions de Français vont passer leurs vacances à l'étranger...

Certes, on discute de coopération monétaire avec les autres, mais attention : nos partenaires nous attendent pour mieux nous lier. Plus nous perdons des réserves, plus nous nous endettons, plus ou moins clandestinement auprès du FMI, du réseau des « swaps » et même des banques commerciales. En mai 1968, nos réserves nettes représentaient six mois d'importations, comme aux États-Unis, en Allemagne, en Italie. Aujourd'hui, à peine plus d'un mois...

Notre monnaie continue à glisser. Ni l'incertitude politique de mai et juin, ni les premiers temps du gouvernement en juillet n'ont retardé ce mouvement de fond. Dans les faits financiers et monétaires comme dans la psychologie et le comportement des détenteurs de monnaie, la dévaluation est déjà faite.

Que doit faire le gouvernement? Sans attendre davantage, il faut constater la dévaluation, c'est-à-dire modifier la parité du franc. Il s'agit d'une initiative politique, qui se passe de l'avis des experts nationaux ou internationaux : aucun pays au monde n'a jamais perdu autant de réserves que la France depuis un an. La décision est plus facile en début de septennat, au début du gouvernement, qu'elle ne le sera plus tard. N'attendons pas que les élections allemandes, en lançant une nouvelle vague de spéculations, fassent disparaître nos dernières réserves. N'attendons pas le rendez-vous syndical de l'automne. Et attirons tout de suite les touristes étrangers amateurs de prix moins élevés.

La dévaluation ne peut réussir que si elle est accompagnée d'un ensemble de mesures : blocage temporaire des prix, contrôle strict des hausses de salaire, large recours aux heures supplémentaires, éventuellement libération anticipée du contingent pour augmenter la main-d'œuvre disponible ; rémunération plus élevée de l'épargne, et recours plus onéreux au crédit.

Il faudrait en même temps s'attaquer aux vraies sources de faiblesse de notre système économique et financier : l'aide à certaines entreprises nationales, la Sécurité sociale, l'Education nationale, le Crédit agricole. Et engager des actions à long terme, c'est-à-dire une vraie politique industrielle, la formation professionnelle et un nouveau mode de réglage des liquidités monétaires internes.

Pour guider l'action nécessaire, il y a deux exemples à méditer. Celui de l'Angleterre, pour ne pas l'imiter.

Celui de la France de décembre 1958 à 1961, pour mesurer ce que permettent, à long terme, les dures exigences d'une remontée.

On oppose à cette politique l'état d'esprit des Français.

A force de répéter qu'il existe un climat d'euphorie, nous finissons par nous prendre au jeu et croire qu'on ne peut rien expliquer aux Français, ni rien leur faire accepter, ni rien leur imposer. Il serait périlleux, pour le gouvernement, pour la nation, de nous laisser prendre à ce jeu. Malgré toute l'insuffisance de l'information économique, le langage de la vérité peut être compris par tous. C'est une affaire de tactique que de créer l'événement, de concentrer l'attention sur lui et de l'expliquer.

Michel Debré

La dévaluation de 12,5 % du franc, préparée dans le plus grand secret, intervient le 8 août 1969. Les mesures d'accompagnement, rendues publiques vingt jours plus tard, sont insuffisantes. J'alerte, sans succès, le président de la République :

Le 27 août 1969

Mon cher Georges,

Je voulais vous voir avant le Conseil des ministres mais, si je comprends bien, c'est au Conseil des ministres suivant que les choses importantes seront dites. D'ailleurs, au Conseil, faut-il dire ce que l'on a sur le cœur ? Je vous écris donc.

Cette lettre, malheureusement, me rappelle ce que j'ai écrit et dit au général de Gaulle l'an dernier, alors que je voyais le gouvernement s'enfoncer dans l'erreur.

Je disais l'an dernier : nous allons échouer, je vous écris aujourd'hui : nous sommes en train d'échouer.

Sans doute avons-nous dévalué et cette première mesure, qui aurait dû être décidée en juillet ou en septembre de l'an dernier, puis en janvier de cette année, nous l'avons enfin décidée. C'était sans doute la dernière date raisonnable.

Sans doute avez-vous prononcé récemment des paroles excellentes sur l'effort à demander aux Français. [...] Cela dit, nous n'attaquons pas le mal.

[...] Je ne suis pas un Cassandre par vocation. [...] Dans le moment présent, la politique de rigueur s'exerce aux dépens d'investissements utiles du point de vue économique. [...] Il y a des moments difficiles. Mais le moins que je puisse dire c'est que nous ne nous servons pas de votre élection, de la dévaluation, du long mandat en cours de l'Assemblée nationale, pour nous mettre face aux problèmes.

En d'autres termes, mon cher Georges, le gouvernement va à l'échec. Je vous le dis comme je le disais au Général en juillet dernier. Ce sont ceux en direction de qui on a fait « l'ouverture » qui, demain, en profiteront aux dépens du « gaullisme ». Puis, comme ils abandonneront toute politique nationale, le balancier électoral reviendra alors à nos adversaires.

Tel est l'objet profond de ma tristesse.

Croyez, mon cher Georges, à mon amitié.

Michel Debré

J'ai cru que Pompidou avait et aurait besoin de mes critiques souvent nombreuses, parfois abruptes, mais toujours dictées par la franchise et la loyauté. Cette absence de complaisance justifiait ma présence à ses côtés.

Le 1ᵉʳ septembre 1969

Mon cher Michel,

Je ne doutais pas de vous ni de ce que vous diriez, bien sûr. Mais ce que vous avez dit à mon endroit ne m'en a pas moins profondément touché[35]. En tout, vous l'avez senti depuis le début, nous sommes sur la même longueur d'onde. Ce n'est pas surprenant mais, pour moi, c'est un réconfort et un atout pour l'avenir. Croyez à toute mon amitié.

G[eorges] Pompidou

Je pars trois jours pour préparer ma conférence de presse.

Le 27 octobre 1969

Monsieur le président, mon cher Georges,

Voici quelques réflexions sur l'élection d'hier.

J'ajoute que j'ai été frappé du ton « nationaliste » de Rocard alors que Couve faisait « international bourgeois[36] ». Notre temps n'est plus celui d'il y a dix ans. Un certain désengagement, en même temps qu'un

35. Commémorant la principale cérémonie du vingt-cinquième anniversaire du débarquement de Provence à Toulon, le 29 août 1969, j'avais, après un long développement historique, porté ce jugement sur le temps présent : « L'essentiel qui fut acquis et, pour une bonne part ici, demeure : nous libres et maîtres de nous-mêmes. »

36. Michel Rocard, secrétaire général du Parti Socialiste Unifié (PSU), affronte Maurice Couve de Murville, ancien Premier ministre du général de Gaulle, lors d'une élection législative partielle dans la 4ᵉ circonscription des Yvelines. A l'issue du premier tour Maurice Couve de Murville est en ballottage. Il recueille 40, 9 % des voix contre 20, 4 % à Michel Rocard. Le 26 octobre, Michel Rocard l'emporte nettement en recueillant 53, 7 % des suffrages exprimés.

désenchantement conduisent à un repli, qui donne à l'égoïsme national une place qu'il ne faut pas négliger.

Croyez à mes sentiments amicalement dévoués.

Election de Rocard

1/ Bon sens populaire : l'homme qui pendant un an a incarné un gouvernement qui a échoué, avant et par le référendum, est rejeté. On a voté contre Couve, parce qu'il s'est montré, à nouveau, trop tôt. Il faut du temps pour faire oublier un échec.

2/ L'ouverture n'apporte rien. Les ministres giscardiens ou centristes n'ont en rien influencé l'électorat. Ils ne représentent qu'eux-mêmes. L'élection de Rocard ne doit pas conduire à élargir encore l'ouverture. Cela ne sert à rien.

3/ Rocard a gagné non seulement parce que c'est sa circonscription habituelle, mais parce qu'il présentait une image attirante de l'avenir. Couve n'apportait aucune image novatrice.

4/ Il y aurait péril pour la majorité actuelle si chaque député devait affronter un Rocard, ardent et compétent à la fois. Mais il n'y a pas 550 Rocard, il y en a une dizaine au plus.

5/ Entre les 45 % gaullistes et les 45 % de gauche, il y a en France 10 % de centristes. Ils votent pour le gaullisme chaque fois qu'il y a péril, mais contre lui dès qu'ils peuvent le faire en toute impunité. L'ouverture vers les hommes politiques du centrisme est peut-être utile (ne serait-ce que pour éviter un jour le sort de la démocratie-chrétienne allemande lâchée soudain par les libéraux), mais il est plus important de « dramatiser », comme le faisait le Général, pour avoir les électeurs centristes eux-mêmes. L'optique parlementaire est trompeuse.

6/ Couve, c'était le surplace. L'avenir appartient à ceux qui résoudront les problèmes du pays. Il faut être en mouvement.

Ces extraits de correspondance de l'année 1969 montrent nos différences mais témoignent aussi du maintien de bonnes relations entre nous. En revanche, je ne peux relire sans frémir certaines notes prises à la sortie de nos conversations, postérieures à la mi-1972, date à laquelle nos rapports connaissent une nette dégradation. Je suis désormais trop gaulliste et trop acharné dans ma lutte contre l'inflation. Et, le spectre du Général s'éloignant, peut-être plus aussi nécessaire au gouvernement... Les deux lettres suivantes n'ont pas été envoyées, mais elles ont servi de cadre à une conversation ultérieure avec Georges Pompidou, que l'on trouvera *infra* (« Une rentrée orageuse », 29 août 1972). Le gouvernement Chaban touche à sa fin : le 5 juillet, Pierre Messmer sera nommé Premier ministre. Aurai-je toujours ma place au gouvernement ?

Le 22 juin 1972

[*Mention manuscrite : 11 heures du matin. Cette lettre n'a pas été envoyée*]

Monsieur le Président, mon cher Georges,

[1] Je crois avoir compris, de notre dernière conversation, que vous écartez de votre esprit les élections anticipées. Vous êtes, de ce fait, orienté vers la constitution d'un nouveau gouvernement.

[2] C'est là une décision qui vous appartient et notre rôle sera, le cas échéant, de faire comprendre votre décision. Je ne peux pas, je ne dois pas vous dissimuler qu'autant un changement, il y a un an, « passait bien la rampe » et pouvait donner un nouveau « tonus » à l'UDR, autant la situation présente me paraît moins facile. Je n'ai pas à vous en dire davantage.

[3] Mais je vous dois une explication personnelle. Il est prévu que je me rende aux Etats-Unis du 6 au 11 juillet. Un programme assez exceptionnel semble-t-il, a été préparé[37]! Si le gouvernement devait changer à cette date, ou même immédiatement après, il serait nécessaire que, pour un motif que je peux trouver, je décommande ce voyage. Nous devons, au-dessus de nos personnes, apparaître comme une République sérieuse. Donnez-moi donc, je vous en prie, une indication qui restera, naturellement, confidentielle.

[4] D'autant plus, vous le savez, que je ne me sens pas voué, obligatoirement, à demeurer ministre. Je sais, mieux que d'autres peut-être, faire de la politique sans participer à la direction des affaires. Au surplus, les difficultés que j'éprouve à faire ce que je crois bon pour la Réunion et autour de la Réunion me conduisent à me poser d'autres questions encore – celles-là d'ordre électoral.

Recevez, Monsieur le Président, mon cher Georges, je vous prie, l'expression de mes sentiments très amicalement dévoués.

---

37. Je suis le premier ministre de la Défense de la Ve République à me rendre aux Etats-Unis depuis que le général de Gaulle a mis fin à l'intégration militaire de la France au sein de l'Alliance atlantique en 1966. L'ambassadeur m'a transmis les paroles du président Nixon : « Les installations les plus secrètes lui seront présentées. » Voir Michel Debré, *Mémoires. Combattre toujours*, Albin Michel, 1994, t. V, pp. 106-112.

Le 22 juin 1972

[*Mention manuscrite : après-midi. Cette lettre n'a pas été envoyée. Les paragraphes [1], [2] et [3] sont identiques. Le paragraphe [4] est remplacé par le suivant :*]

Au surplus, en effet, quel sera ce futur gouvernement ? Vous avez un ensemble difficile de problèmes à régler. Je demande à votre amitié de m'en parler franchement. Même pour un gouvernement de transition, avec certains des changements dont, à tort ou à raison, on parle présentement, j'éprouve des doutes : je ne vous en dis pas plus...

Recevez, Monsieur le Président, mon cher Georges, l'expression sincère de mes sentiments amicalement dévoués.

Le 1ᵉʳ juillet 1972

[*Mention manuscrite : lettre finalement envoyée*]

Monsieur le Président, mon cher Georges

Vous avez bien voulu me dire que je pouvais sans crainte me rendre aux Etats-Unis. Je pense que vous m'avez bien compris. C'est moins ma personne qui est en cause que la réputation de notre République. Nous apparaissons comme sérieux. Continuons.

Quant au fond... je demande à votre amitié de m'en parler franchement. Autant je travaille volontiers, avec vous, au grand dessein national qui doit être le nôtre, autant je suis soucieux que certains changements, de nouveaux « élargissements » dont on parle, ne viennent pas rendre plus difficiles encore et le travail de cohésion et l'esprit d'équipe et la volonté nationale – indispensables au succès !

Recevez, Monsieur le Président, mon cher Georges, l'expression sincère de mes sentiments amicalement dévoués.

Michel Debré

Je demeure ministre chargé de la Défense nationale mais le cœur n'y est plus. La distance avec Georges Pompidou ne cesse de croître. Le climat est si lourd que je choisis de reprendre l'offensive. Advienne que pourra...

Le 9 octobre 1972

Monsieur le Président, mon cher Georges,

Vous trouverez ci-joint l'exemplaire qui vous est dû et que je vous adresse de grand cœur[38]. La forme de dialogue conduit à beaucoup parler. C'est donc un livre un peu long – et comme il se doit, selon cette procédure, fort inégal en ses développements. Tel qu'il est, certains passages vous intéresseront – si vous avez le temps de le parcourir.

Je ne dois pas venir vous voir avant plusieurs jours. Rien ne presse, si ce n'est que les affaires qui dépendent de moi, et notamment les textes, s'enlisent ici ou là. Au demeurant, c'est surtout de politique que je vous parlerai, car après un long temps administratif plus

---

38. Il s'agit de mon livre *Une certaine idée de la France*. Entretiens avec Alain Duhamel, Fayard, coll. « En toute liberté », portant cette dédicace : « Pour le président de la République Georges Pompidou. Ce rappel de souvenirs qui me sont très personnels mais aussi de combats communs et d'une doctrine dont nous devons préserver l'héritage. Avec l'expression de mes sentiments d'amitié sincère et dévouée. »

encore que gouvernemental, le moment me paraît venu de me « re-orienter » en ce sens.

Recevez, Monsieur le Président, mon cher Georges, l'expression de mes sentiments amicalement et sincèrement dévoués.

Michel Debré

Le 12 octobre [1972]

Mon cher Michel,

J'ai lu avec intérêt votre livre. D'abord parce que j'y ai retrouvé beaucoup de souvenirs communs, mais aussi et plus encore par ce qu'il révèle de votre personnalité.

Comme vous me le demandez, je suis prêt à parler avec vous de politique, mais il me semble que, profondément d'accord sur les principes, nous divergeons un peu sur la tactique. Votre récente déclaration a redonné lustre et importance à un discours de Giscard d'Estaing qui n'avait guère eu d'impact[39]. Etait-ce votre objectif ? J'en doute. Enfin, nous parlerons de tout cela.

Croyez, mon cher Michel, à mes sentiments très amicalement dévoués.

Georges Pompidou

---

39. Le 8 octobre, Valéry Giscard d'Estaing, qui s'était abstenu depuis un an de toute déclaration politique, prononce, à Charenton, un discours devant les responsables de la fédération des Républicains Indépendants. Il déclare notamment : « La France souhaite être gouvernée au centre. » Le lendemain, je réagis vivement, considérant que cette conception « n'est pas compatible avec celle que l'UDR envisage pour la France ». Le gaullisme est lui-même un rassemblement, il ne peut être l'élément d'un rassemblement. Voir *Le Monde* des 11 et 14 octobre 1972 pour mesurer les réactions du monde politique.

Samedi 16 décembre 1972

Monsieur le Président, mon cher Georges,

Vous devez trouver parfois que ma littérature est quelque peu abondante. C'est exact et sauf extrême urgence, cette épître sera la dernière.

[...] Ne croyez pas que les lignes qui suivent expriment l'amertume de quelqu'un qui n'a pas été choisi comme Premier ministre. Ni la tristesse de quelqu'un qui pense que son activité gouvernementale touche à sa fin. Ce que je vous écris n'a d'autre but que de tenter, quand il en est temps encore, de remonter un très mauvais courant.

Vous avez bien fait de changer le ministère. Il était temps. Il n'était que temps. Une certaine atmosphère, malgré les recherches inouïes – dont toutes, tant s'en faut, ne viennent pas de nos adversaires – une certaine atmosphère, dis-je, a été dissipée.

Mais c'était une gageure que de vouloir demander de la crédibilité à un gouvernement neuf à moins de six mois d'une période électorale ; c'était une gageure que de demander à un homme qui n'avait jamais été qu'un haut fonctionnaire de devenir homme politique ; c'était une gageure que de demander à un homme qui n'avait jamais été qu'un noble et loyal serviteur de devenir le chef d'une majorité, dont l'un des éléments au surplus était dirigé (est toujours dirigé) par des hommes et un état-major qui ne pensent qu'à trahir. Cette gageure n'a pas réussi. La figure de Messmer apparaît hautement sympathique. La crédibilité du gouvernement n'a pas été assurée. Messmer n'est pas considéré comme devrait l'être un Premier ministre – malheureusement. Il ne s'est pas – mettons, il ne s'est pas encore affirmé comme le chef de la majorité.

Voyez quelques-uns des aspects de cette situation. La « gauche » présente séparément ses candidats. Elle apparaît comme plus unie que la majorité[40] qui présente cependant un très grand nombre de candidatures uniques. La « gauche » paraît avoir un programme de gouvernement alors que la majorité, qui pourrait se prévaloir de réalisations exceptionnelles dans le passé et d'une capacité irremplaçable dans l'avenir, apparaît sans programme ni doctrine. La campagne de la « gauche » est bien orchestrée. Elle a le soutien, il est vrai, de la majeure part de la presse et une grande part de la radio lui est acquise. Mais l'effort de la majorité apparaît parcellaire, individualisé, sans cohésion...

Ne croyez pas que les choses vont s'améliorer ! Alors que l'on me traite de pessimiste, il y a deux ans que j'espère, malgré ma conviction intime, que les choses vont s'améliorer... et le processus commencé fin 1970 se poursuit. Ne croyez pas que vous pourrez, seul, remonter la pente. Les limites de l'intervention présidentielle sont très précises. Vous l'avez vu au moment du référendum qui a été manqué[41] – je l'ai senti avant son résultat – par la défaillance gouvernementale et une campagne menée en dépit du bon sens – et de l'intérêt national. Voilà qui va recommencer !

Que faut-il ?

40. La gauche dispose d'un Programme commun unissant, depuis le 26 juin 1972, socialistes et communistes. Ce programme implique non seulement une coalition électorale mais la constitution d'un gouvernement en commun. La gauche pratique, au premier tour, la dualité des candidatures assortie de désistements réciproques pour le second tour.

41. Le référendum du 23 avril 1972 portant sur l'élargissement des Communautés européennes au Danemark, à la Norvège, à l'Irlande et à la Grande-Bretagne a connu un fort taux d'abstention (39,31 %). Néanmoins, 67,7 % des suffrages exprimés se sont portés sur le « oui ».

– Il faut d'abord un programme commun. Il y a là un ordre à donner – la plate-forme accompagnée de trois programmes va nous couvrir de ridicule. Pour la rédaction du programme, je demande une journée – et de l'autorité.

– Il faut ensuite un commandement. L'arbitrage est une plaisanterie. Chacun tire de son côté. Tantôt on donne raison à l'un, tantôt on donne raison à l'autre... C'en est fini du spectacle des « trois secrétaires géné-raux[42] ». Tout doit être tranché et décidé par le Premier ministre. Et le Premier ministre doit empêcher les Indépendants de rechercher – ce qu'ils ont recom-mencé à faire – les circonscriptions où, avec l'accord des réformateurs, ils peuvent battre nos amis. <u>Croyez-moi</u> !

– Il faut enfin que Messmer fasse figure de chef de majorité[43]. Le temps n'est plus aux dossiers. Il n'est plus aux inaugurations, aux poses de premières pierres. Ce sont des motifs futiles, des auditoires dérisoires... Il faut faire – ce que font les autres – et que je suis seul à faire (en silence c'est-à-dire sans grand effet) des réunions, soit des réunions de militants et de sympathisants, soit des réunions publiques.

– Il faut prendre un ton national ! [...] La seule cam-pagne nationale et dite d'un ton national vient de la gauche.

---

42. Alain Peyrefitte pour l'UDR, Valéry Giscard d'Estaing pour les Républicains Indépendants, Edgar Faure pour les centristes.

43. C'est ce qui se produira à Provins, le 7 janvier 1973 : lors d'une journée nationale de l'UDR à laquelle ont été conviés les dirigeants des deux autres formations, Pierre Messmer prononce un discours de plus de deux heures, articulé autour de 33 catégories de problèmes au sujet desquels sont indiquées les perspectives de l'action à entre-prendre.

Je suis persuadé depuis plusieurs mois que l'UDR peut se retrouver avec moins de 140 députés – mettons 60 ou 70 Indépendants et une trentaine de non-inscrits ou démocrates[44], nous sommes dans une situation impossible – et vous-même dans une situation difficile.

Encore une fois, je ne vous écrirai plus sur ces problèmes. Je vais également en parler – à peu près dans les mêmes termes – à Messmer – également pour la dernière fois. Mais l'angoisse que je porte en moi depuis deux ans est lourde à supporter seul. Et la tristesse devant la pagaïe UDR est profonde !

Je vous prie de croire, Monsieur le Président, mon cher Georges, à mes sentiments amicaux et sincèrement dévoués.

Michel Debré

L'année 1972 se termine sans autres vœux que protocolaires. Je crois toujours en la valeur de la sincérité. Je suis naïf. En mars 1973, je ne suis plus ministre. Le divorce politique consommé, nos relations personnelles s'améliorent.

6 juin 1973

Mon cher ami,

Suite à un petit débat entre nous, je vous signale que la formule « mon gendre, tout est rompu » se trouve en

44. Les résultats des élections législatives des 4 et 11 mars 1973 enregistrent, au premier tour, une poussée de la gauche. La majorité se ressaisit au second tour : l'UDR obtient 183 députés (dont 24 apparentés), les Républicains Indépendants 55 (dont 4 apparentés) ; 13 députés sont non-inscrits.

tout cas chez Labiche dans *Un chapeau de paille d'Italie*, acte 1, scène 6[45].

Bien amicalement.

Georges Pompidou

Le 27 octobre 1973

Monsieur le président de la République,

Je viens de signaler à M. Messmer un article du dernier numéro de la *Revue française de science politique*[46]. De cet article, il résulte clairement que l'abaissement, en Allemagne, de l'âge électoral a profité « d'une manière décisive » au Parti Socialiste et à son allié, la droite nationale. Il semble qu'avant de nous engager dans un processus analogue, il convient de réfléchir...

Je vous prie d'agréer, Monsieur le président de la République, l'expression de mes sentiments sincèrement dévoués.

Michel Debré

Georges Pompidou réplique aussitôt :

7 novembre 1973

Mon cher Michel,

J'ai bien reçu votre lettre et vous savez que mon opinion sur ce sujet rejoint la vôtre.

---

45. Grand admirateur de Labiche, j'ai fondé et présidé l'association des Amis d'Eugène Labiche avant guerre.

46. René Lasserre, « Les élections du 19 novembre 1972 en République fédérale allemande : vote conjoncturel ou évolution politique en profondeur ? », *Revue française de science politique*, n° 4, août 1973, pp. 758-771.

Vous dirai-je que je souhaite que nos relations, même épistolaires, ne soient pas aussi formelles ?
Amicalement à vous.

Georges Pompidou

L'année 1973 est, somme toute, moins glaciale. Je connais la maladie de Georges et son caractère fatal. Mes critiques à l'égard de ses orientations se font moins acerbes. Je n'accepte cependant pas la présidence du Conseil constitutionnel qu'il me fait proposer par Olivier Guichard (voir *infra* : « Deux émissaires », 8 janvier 1974).

9 janvier 1974

Mon cher Michel,

J'ai reçu vos vœux en même temps que la réponse au « sondage » que j'avais demandé à Olivier de faire auprès de vous.

Croyez que de notre côté et de mon côté particulièrement, nous vous souhaitons à vous, à Ninette et à vos enfants le plus de bonheur possible dans votre vie familiale et je n'oublie pas votre père, miraculeusement jeune et actif[47].

Pour le reste je m'attendais à votre réponse. Ce que m'a dit Olivier m'a peiné. Je ne cherchais pas à vous ligoter ni à vous écarter. Après tout on peut sortir du C[onseil] C[onstitutionnel] et c'est bien ce qui m'est arrivé[48] ! Je voulais simplement vous montrer que dans

47. Le professeur Robert Debré est âgé de 92 ans.
48. Georges Pompidou a été nommé au Conseil constitutionnel le 1ᵉʳ février 1959 par le général de Gaulle pour une durée de neuf ans, certains membres de ce premier Conseil ayant été nommés pour trois ou six ans. Devenu Premier ministre, il démissionne le 8 mai 1962, date à laquelle Bernard Chenot le remplace.

ce qui est un intermède vous n'étiez pas oublié par moi s'agissant d'un domaine essentiel, sinon tous les jours actif. Puissiez-vous, je vous le dis avec amitié, vous défendre de la suspicion comme des obsessions vis-à-vis de tel ou tel ! et de ces pensées à cet égard ! Il n'y a pas que des traîtres à la France et, en tout cas, je n'en suis pas. Allons, bonne année et croyez aussi à l'amitié.

Georges Pompidou

Le 21 janvier 1974

Monsieur le Président, mon cher Georges,

J'ai été très sensible aux termes de votre lettre. D'abord en raison de l'amicale réponse aux vœux que je vous avais adressés – et que je vous renouvelle. Ensuite pour la franchise de la seconde partie.

Il est possible que je me sois exprimé vivement en réponse aux propos d'Olivier. Mais, comme je le lui ai écrit après notre entrevue, il se trouve que j'aurai traversé la vie publique, à laquelle je me suis consacré, sans avoir été bien compris, ni soutenu par mes amis – ayant même été parfois malmené par eux. Je porte certainement la responsabilité de cet état de fait.

Pour ce qui concerne le fond des choses, qui importe avant tout, il est vrai que j'éprouve pour notre pays à la fois de grandes ambitions et souvent de grandes inquiétudes – d'où certaines prises de position qui, vous devez le savoir, ne touchent pas votre personne.

Ce n'est d'ailleurs que par discrétion que je n'ai pas demandé, en fin d'année, à vous voir, mais sachez que, si votre emploi du temps le permet, je suis à Paris jusqu'au 20 février, date de mon départ pour la Réunion[49].

[*La copie de la lettre ne comporte pas de formule de politesse ni de signature*]

Lors d'un déjeuner de presse, fin 1973, Georges Pompidou, d'après les notes de Raymond Tournoux, aurait dit à mon sujet : « Debré, mon ami Debré, c'est de tous le meilleur, le plus solide, le plus travailleur. Son sens de l'Etat est indéniable. Il sait tout. Ce qui gâche ses qualités, c'est son impatience. Il supporte mal de ne plus avoir de grandes responsabilités. Je sais bien ce qu'il peut éprouver puisque j'ai vécu cela. Mais il a tort de s'énerver. Vis-à-vis de lui j'ai commis deux erreurs. La première, volontaire, c'est son départ du gouvernement, mais cela n'était plus possible, ni pour lui, ni pour moi. La seconde, involontaire. Ça a été la nomination de Royer et de Poniatowski[50]. » Georges Pompidou est seul juge des « erreurs » commises envers moi, mais ce dont témoignent les notes que j'ai régulièrement prises à la fin de nos entretiens particuliers, et que l'on va lire dans les pages qui suivent, c'est que nos oppositions ne sauraient se limiter à des questions de carrière et de personnes.

Mes notes ne prétendent pas être une histoire exhaustive. Elles sont ma part de vérité sur mes rapports avec Georges Pompidou, président de la République. Les relisant, j'ai retouché certains passages, améliorant un style

---

49. Je déjeunerai en tête à tête à l'Elysée avec Georges Pompidou le 1er février. Voir « L'impossible dialogue », pp. 212-221.

50. Jean Royer, ministre du Commerce et de l'Artisanat. Michel Poniatowski, ministre de la Santé publique et de la Sécurité sociale. Voir *in* Eric Roussel, *Georges Pompidou 1911-1974*, Lattès, 1994, pp. 614-615.

oral parfois défectueux. J'ai retiré les échanges techniques, sans grand intérêt pour le lecteur non spécialiste des problèmes de défense; les questions de personnes, les mutations par exemple, dont les enjeux sont aujourd'hui obscurs, même pour moi; enfin une ou deux informations relatives à la vie privée. A ces omissions près, indiquées dans le texte, j'ai opté pour leur publication intégrale par respect pour mon passé, pour notre passé. Ce fut ainsi.

NOS ENTRETIENS

Il n'y a pas de gouvernement
1ᵉʳ avril 1971

Presque deux ans après son élection, le président de la République règne sans partage : il a repris en main son Premier ministre et sa majorité. Tout semble aller pour le mieux tant d'un point de vue politique qu'économique. C'est l'apogée du pompidolisme, un système de pensée et de gouvernement dans lequel un gaulliste comme moi a du mal à trouver non sa place – je suis ministre d'Etat chargé de la Défense nationale –, mais du souffle. L'absence d'un grand dessein national, d'une volonté profonde de réforme me pèsent. Mes rapports avec Georges Pompidou sont alors cordiaux. Je peux librement m'exprimer sur tous les sujets. Je suis probablement le seul ministre à pouvoir ainsi dépasser mon domaine de compétence. Ma liberté de parole m'induit en erreur. Je crois volontiers que, hors du domaine de la Défense, mon influence est grande. Pompidou certes m'écoute mais il en écoute d'autres pour, finalement, n'en faire qu'à sa tête.

Ministre d'Etat chargé de la Défense nationale, je vois au moins une fois par mois le président de la République en fin d'après-midi, habituellement le jeudi. Cette audience est réservée aux affaires en cours mais j'en profite parfois pour aborder d'autres domaines que ceux qui relèvent de ma compétence ministérielle. Ce jeudi-là, je traite rapidement des affaires en cours : réduction des effectifs, modification d'ancienneté et de l'importante question de notre éventuelle participation au réseau NICS, contre laquelle j'évoque divers arguments[1]. Après quoi, je prends la parole pour une dizaine de minutes pendant lesquelles je suis écouté sans interruption.

Michel Debré. – Je veux poursuivre et développer notre trop brève conversation de mardi et vous dire très clairement le pessimisme qui est le mien. Je sais que vous êtes d'un tempérament optimiste et que je suis plutôt d'un tempérament opposé, mais, dans le cas présent, je regarde les choses avec objectivité et je m'efforce de ne pas déformer la réalité par des inquiétudes excessives. Cet état d'esprit me conduit d'une part à des considérations diverses et angoissées sur l'état présent et futur des choses en France, d'autre part à un choix capital du point de vue tactique pour ce qui concerne l'action immédiate.

La situation telle que je la vois est sombre : l'état de l'université, l'agitation dans les lycées, l'incapacité de la justice, la mauvaise humeur de la police, une politique faite uniquement de vocabulaire et sans action réelle, une absence totale d'objectifs à long terme, aucun souffle, silence et ambiguïté sur tous les grands problèmes, qu'il s'agisse de la famille ou de la politique extérieure, bref, pour dire les choses comme elles sont, au sens réel du terme, il n'y a pas de gouvernement.

---

1. Il s'agit du réseau intégré de communications de l'Alliance atlantique (*Nato Integrated Communication System*) auquel un récent Conseil de défense a donné un accord de principe. Une décision définitive doit être prise le 29 avril 1971. De mon point de vue, rentrer dans ce système est un geste politique qui reviendrait à annuler la décision prise par le général de Gaulle en février 1966. A cette date, la France s'est retirée de l'OTAN tout en maintenant une coopération sur la base d'une association librement consentie mais qui exclut toute intégration même partielle des forces. J'obtiendrai finalement gain de cause : l'armée française développera son propre système de transmission.

A ce tableau sombre, j'ajouterai quelques points de détail : la personne du président de la République est maintenant en cause. Pendant un temps, c'est le Premier ministre qui est apparu comme le responsable ou du bien ou du mal. Aujourd'hui, Chaban garde une certaine sympathie quant à sa personne, mais pour ce qui concerne la politique, nul ne pense, dans les milieux dirigeants, qu'il est en mesure de la contrôler, encore moins de l'orienter et, dans ces conditions, c'est le président de la République qui apparaît de plus en plus comme l'homme qui ne répond pas aux espérances qu'on avait mises en lui.

Que dire du gouvernement? Il y a des ministres. Certains travaillent. D'autres non. Mais il n'y a point un gouvernement, à la longue, ce phénomène est très grave.

Enfin, l'UDR est en train de prendre le plus mauvais tournant. L'UJP[2] s'effondre, les jeunes se dispersent. L'encroûtement parisien de l'UDR, l'absence d'animation des fédérations départementales et une morosité générale font que tout recrutement est arrêté.

Il faut savoir dès maintenant si les élections ont lieu en 1973, échéance électorale normale, ou si elles doivent avoir lieu en 1972 car à l'une et l'autre de ces hypothèses correspond une décision. Si les élections ont lieu en 1973, il faut changer de gouvernement[3]. Tel qu'il est, le gouvernement ne durera pas deux ans encore, ou bien il arrivera difficultés et malheurs. Si l'on renonce, ce qui

2. Union des Jeunes pour le Progrès (mouvement rassemblant les jeunes gaullistes).
3. Les élections législatives auront bien lieu en 1973, les 4 et 11 mars. Le changement de gouvernement ne sera effectué qu'en juillet 1972, date à laquelle Pierre Messmer succédera à Jacques Chaban-Delmas comme Premier ministre.

me paraît sage, à poursuivre le mandat de l'actuelle Assemblée, alors il faut adapter d'urgence notre politique à des élections prévues dans douze à quatorze mois. Ce n'est pas seulement le budget de 1972 qui doit revêtir une certaine forme, c'est dès maintenant qu'il faut se demander si les crédits en matière de logement et d'équipement sont suffisants; c'est dès maintenant, sans attendre une problématique loi complémentaire d'orientation universitaire, qu'il faut prendre les mesures pour rétablir l'ordre et la tranquillité publics dans les lycées et universités. La plus mauvaise attitude consisterait à envisager 1973 sans rien faire du point de vue gouvernemental ou à envisager 1972 sans rien faire d'immédiat du point de vue politique.

Georges Pompidou. – Mon appréciation des choses est identique à la vôtre. Sans se référer à une orientation naturellement plus optimiste que la vôtre, je considère que nous sommes dans le creux de la vague. Pour diverses raisons : fatigue, mesure des difficultés, peut-être repli stratégique. Chaban s'est effacé depuis six à huit mois. Il s'est complu dans l'inaction. Je lui ai demandé de réagir. Il prépare avec soin le discours du 20 avril qui doit être un nouveau départ[4]. Sans lâcher les rênes, je fais en sorte que le gouvernement se sente vivifié, renforcé, et que les instructions de fermeté montrent qu'une période est close. Sans avoir fixé mon orientation de manière définitive et en continuant à jeter le voile sur mes intentions réelles, j'estime qu'il faut choisir l'échéance de 1972, étant bien entendu qu'il s'agit là d'un secret à ne dévoiler en aucune

---

4. Il est prévu que le Premier ministre, Jacques Chaban-Delmas, fasse une déclaration de rentrée à l'Assemblée nationale le 20 avril 1971. Très attendu, ce discours déçoit. Raymond Barillon le commente en ces termes dans *Le Monde* : « [...] un bon discours qui, aussi soigné, complet et honnête qu'il puisse être, n'est pas un grand discours. »

façon[5]. Dès lors, il me paraît qu'en remédiant à certaines défaillances, en faisant voter une loi complémentaire pour l'Education nationale, on doit pouvoir retrouver dans l'opinion une situation meilleure. En même temps, les difficultés extérieures seront moindres dans les mois à venir et l'opinion sera sensible au fait que la figure de la France sera mieux appréciée dans le monde qu'elle ne l'a été jusqu'à présent.

L'heure a passé pendant cette conversation dont les précédents paragraphes ne sont qu'un résumé. En effet, diverses digressions ont marqué, de la part de Pompidou, son souci de voir Chirac[6] relever l'UDR, notamment en allant souvent en province ; de voir Guichard[7] marquer de la fermeté à propos du laisser-aller universitaire, au sujet duquel il se dit mieux renseigné que je ne puis l'être (je lui avais cité certains exemples)...

Michel Debré. – Il ne faut pas de demi-teinte. Si l'échéance est 1972, c'est une politique ; si l'échéance est 1973, c'est une autre politique et d'autres hommes.

5. Selon Eric Roussel, *Georges Pompidou 1911-1974, op. cit.*, p. 417, Pompidou n'a jamais envisagé de modifier le calendrier électoral : « Avancer les élections à l'automne lui paraît dangereux, dans la mesure où il peut, en les laissant au printemps, se garantir six mois de tranquillité supplémentaire. »

6. Jacques Chirac remplace, en janvier 1971, Roger Frey comme ministre délégué auprès du Premier ministre, chargé des relations avec le Parlement. La nomination d'un proche du Président à ce poste, ajoutée au changement intervenu au secrétariat général de l'UDR, où René Tomasini succède à Robert Poujade, montrent clairement que Georges Pompidou entend bien reprendre en main le parti majoritaire. J'approuve ces changements. Dans une note « au sujet de l'UDR et de ses rapports avec le gouvernement » adressée à Georges Pompidou et à Jacques Chaban-Delmas, le 19 février 1971, j'écrivais notamment ceci : « La nomination d'un homme jeune et ardent comme Chirac, à la fois ferme sur le fond et habile à la tactique, est certainement un premier remède. C'était même, à bien des égards, le premier remède. » Archives personnelles.

7. Olivier Guichard, ministre de l'Education nationale.

Georges Pompidou. – Je suis bien conscient de ce dilemme.

La conversation reprend sur les difficultés universitaires, scolaires et sur celles de la police. Elle s'englue quelque peu dans les détails et se termine, à mon sentiment, avec plus de tristesse devant les choses que de résolution devant les décisions à prendre.

Le gaullisme de Pompidou
1ᵉʳ septembre 1971

L'importance de la décision prise par le président Richard Nixon, le 15 août 1971, de suspendre la convertibilité or du dollar n'a pas été perçue par les contemporains, à de rares exceptions près. Georges Pompidou est du nombre. Ancien banquier, féru de questions monétaires – ce qui, parmi le personnel politique de l'époque est rare – le président de la République va permettre à la France de jouer un rôle fondamental dans la réforme du système monétaire international. Il me convoque pour discuter des solutions qu'il envisage et qu'il aura l'occasion d'exposer, quelques mois plus tard, à Richard Nixon aux Açores (13-14 décembre 1971). Sur la nécessité de maintenir un système de changes stables, nous sommes absolument d'accord. Ce que redoute le plus Pompidou c'est ma réaction face à ses propositions d'organisation d'une Europe monétaire. Or, sur ce dernier point, je partage également ses préoccupations de développer la coopération entre banques centrales. C'est probablement dans les moments de crise, en 1968 comme en 1971, que nous retrouvons une vraie proximité. Pour faire front, nous puisons dans le même héritage politique. Des conversations comme celles-ci m'ont autorisé à espérer qu'il n'était pas illusoire de « maintenir ».

Déjeuner en tête à tête et conversation très longue : près de deux heures et demie.

Pompidou évoque d'abord le sujet principal qui lui a fait me demander cet entretien. Il s'agit du problème monétaire. « Je me félicite de l'identité de vues entre nous, telle qu'elle a résulté de notre précédente conversation (celle qui a précédé le déjeuner puis le conseil interministériel du 18 août)[1]. » Sans dire qu'il avait exactement prévu ce qui allait se passer et qu'il y avait réfléchi, Pompidou me rappelle : « Dès le début du mois d'août, j'avais demandé au ministre de l'Economie et des Finances d'étudier les règles du double marché afin de faire face à une crise éventuelle. » Après quelques considérations sur les derniers événements, il m'expose assez longuement l'orientation qu'il voudrait prendre : inviter les Européens à rétablir leur parité fixe et, ensuite, établir une politique cohérente de réserves monétaires européennes. Pour ce qui concerne les parités fixes, il conviendrait que certains, et d'abord l'Allemagne, réévaluent leur monnaie ; en revanche, il serait important pour nous de n'avoir pas à réévaluer[2]. Ces dispositions étant prises, les banques centrales devraient s'entendre pour sauvegarder ces parités, ce qui suppose d'une part la décision de ne plus accepter de dollars et, en même temps, de créer un organisme central apte à coordon-

1. Ce conseil interministériel restreint reuni à l'Elysée a maintenu la parité or du franc et décidé l'instauration d'un double marché des changes.
2. Le « replâtrage » du système monétaire international sera effectué les 18 et 20 décembre 1971 à Washington (accords du Smithsonian Institute). Les positions défendues par Georges Pompidou seront prises en compte. Plusieurs monnaies seront revalorisées, notamment le Mark (4,6 %). La parité du franc restera fixe. Le dollar sera officiellement dévalué de 7,9 %. La valeur officielle de l'once d'or passera de 35 à 38 dollars. La réévaluation de l'or attestera que le dollar n'est pas reconnu comme numéraire du système monétaire ; la définition d'une nouvelle grille de parités réaffirmera le principe des parités fixes.

ner l'action des banques centrales sous l'autorité des gouvernements[3].

Michel Debré. -- L'Allemagne est prête à accepter une telle politique[4]?

Georges Pompidou. – J'en doute mais de divers côtés (Rueff[5], Giscard[6]) on me dit que certains dirigeants allemands seraient tentés par cette politique.

Michel Debré. – Je ne vous cache pas mon étonnement. Je connais les dirigeants financiers allemands et, surtout, il est facile de voir le chantage américain[7].

Georges Pompidou. – Dans quelle mesure, le Chancelier Brandt n'est-il pas, à l'avance, résigné au départ des Américains?

3. L'union économique et monétaire européenne est amorcée par la conférence des chefs d'Etat et de gouvernement à La Haye en décembre 1969. En mars 1971, les marges de fluctuations entre les monnaies européennes sont ramenées à 0,60 %. La crise monétaire internationale rend cet accord inapplicable. A la suite de l'accord du Smithsonian Institute, l'effort de rétrécissement des marges de fluctuations reprendra pour aboutir en avril 1972. Les interventions des banques centrales pour respecter la marge de fluctuation par rapport au dollar se feront désormais en monnaie européenne; un Fonds européen de coopération monétaire (FECOM), organisme permettant aux banques centrales de s'accorder des crédits réciproques, sera institué en avril 1973.

4. De fortes tensions entre la France et la RFA existent depuis le printemps sur les problèmes monétaires. En mai 1971, à cause de l'intense spéculation contre le dollar et des pressions sur le Mark, le gouvernement de Bonn propose à ses partenaires de laisser flotter les monnaies européennes. La France et l'Italie refusent. Le 13 mai, la France se retire des organismes communautaires à vocation monétaire, considérant notamment que laisser le Mark flotter empêche toute solidarité.

5. Jacques Rueff, économiste influent sous le général de Gaulle, inventeur du nouveau franc en 1959, est un farouche partisan de l'étalon or.

6. Valéry Giscard d'Estaing, ministre de l'Economie et des Finances.

7. Conséquence de la crise monétaire américaine, une réduction sensible des troupes stationnées en Europe est inéluctable à terme. Cette nouvelle orientation de la politique américaine, désormais assumée publiquement par le président Nixon, soucie d'autant plus Georges Pompidou qu'il éprouve une certaine méfiance par rapport à l'Allemagne : il est peu favorable à la politique de rapprochement avec la RDA que mène le chancelier Willy Brandt depuis 1970.

Michel Debré. – Si le départ des Américains entraîne la disparition de toutes les armes nucléaires sur le sol de l'Allemagne, l'évolution politique au centre de l'Europe sera très rapide.

C'est bien ce que concède Pompidou, et nous revenons à son projet.

Michel Debré. – Je suis d'accord avec vous. Cela me paraît pour les nations européennes une position de force en ce qui concerne leur latitude économique interne et, également, en ce qui concerne leurs rapports avec les Etats-Unis.

Georges Pompidou. – Quelles sont les réserves que vous pourriez avoir à l'égard de l'organisme qui coordonnerait l'action des banques centrales ?

Michel Debré. – On ne peut vouloir une chose et son contraire. Il ne s'agit point d'une monnaie européenne, il s'agit de mettre en place une politique monétaire européenne concertée. A mon sens, il convient que cet organisme ne soit pas à Bruxelles mais à Paris ; qu'il ne dépende pas de la Commission, mais des gouvernements ; et enfin que le texte qui l'organise soit à échéance de cinq ou dix ans.

Pompidou me donne son accord sur ces conditions.

J'évoque alors la nécessité pour lui de prendre la parole, d'organiser une conférence de presse avant la réunion du Fonds Monétaire International[8].

Georges Pompidou. – J'ai, de toute façon, l'intention de prendre la parole avant la session parlementaire.

Michel Debré. – Sans s'inspirer étroitement de l'exemple du général de Gaulle, il me paraît indispensable que le président de la République, en ces temps très troublés,

8. L'ouverture de la session du FMI est prévue le 27 septembre à Washington.

prenne une position nationale très claire, aux yeux des Français – c'est l'essentiel – ainsi qu'aux yeux de la majorité qui le suit. Il s'agit donc d'expliquer en détail, ou en tout cas avec précision, et avec fermeté les raisons et les modalités de notre politique monétaire avant que ne commencent les négociations et les compromis du FMI. Cette conférence de presse pourrait, en outre, être l'occasion de donner notre adhésion aux modalités de prévention des accidents nucléaires telles qu'elles se trouvent décrites dans l'échange de lettres russo-américain qui vient d'être publié ainsi qu'aux autres dispositions de l'accord[9].

Sur ce point, Pompidou m'écoute avec une attention particulière. Je lui rappelle le contenu de ces lettres.

Michel Debré. – Ne conviendrait-il pas de faire étudier ma suggestion par les Affaires étrangères ? De mon côté, je fais faire l'étude. Cette prise de position serait intéressante pour tous ceux qui parlent armement nucléaire. Au point de vue national, cela nous permettrait de nous hisser à un niveau de responsabilités que, d'ailleurs, nous avons atteint.

Pompidou se déclare intéressé et j'aurai l'occasion, en fin de conversation, de revenir sur cette conférence de presse en précisant qu'une partie monétaire et une partie nucléaire donneraient un très grand éclat à cette déclaration[10].

9. Les discussions bilatérales concernant la prévention des accidents nucléaires entre les Etats-Unis et l'Union soviétique ont débuté en même temps que les négociations SALT (*Strategic Arms Limitation Talks*) en novembre 1969. Elles se poursuivent en parallèle. Un accord, prévoyant l'échange d'informations afin de prévenir les incompréhensions et l'amélioration des liaisons directes Washington-Moscou, sera signé à Washington le 30 septembre 1971.

10. Georges Pompidou tiendra une conférence de presse le 23 septembre principalement centrée sur la réforme du système monétaire international et le projet de conférence monétaire européenne. Il n'évoquera pas les problèmes nucléaires.

Nous parlons ensuite de l'Allemagne. J'évoque les préoccupations que crée l'éventualité, pour l'Allemagne, de fabriquer une usine pilote d'uranium enrichi. Je constate une fois de plus que Pompidou partage à l'égard de l'Allemagne des préoccupations identiques aux miennes. [...]

Puis nous en venons aux deux problèmes qui doivent faire l'objet de la conférence après notre déjeuner avec Chaban-Delmas et Maurice Schumann[11] : l'attitude du Pérou à l'égard de nos tirs dans le Pacifique et la décision relative aux Mirage israéliens.

Michel Debré. – Il est possible d'arrêter la campagne de tirs 1971 car les résultats ont été plus que satisfaisants et nous assurent qu'aucun retard ne sera pris pour l'arme thermonucléaire et sa mise en service en 1976. Dans ces conditions, les mois à venir doivent être employés à convaincre les Etats sud-américains, et notamment le Pérou, de la valeur des mesures que nous prenons. Dès maintenant, il faut faire remarquer au Pérou que les expériences souterraines américaines sont plus proches du Pérou que les expériences aériennes que nous faisons dans le Pacifique.

Pompidou me donne son accord. – Il doit être bien clair que si, après toutes ces explications, il y a des difficultés avec le Pérou ou tel ou tel autre Etat, il faudra en accepter les conséquences, c'est-à-dire éventuellement rompre nos relations diplomatiques. Pour ce qui concerne Israël, ma décision est maintenant prise et il convient de rembourser Israël et d'affecter les 50 Mirage à l'armée de l'Air française[12].

11. Maurice Schumann, ministre des Affaires étrangères.
12. Le 15 janvier 1972, la France remboursera intégralement à Israël les Mirage achetés et mis sous embargo depuis juin 1967. Il sera ainsi mis fin à un contentieux souvent évoqué entre les deux pays.

Avant de rejoindre la conférence, j'évoque à nouveau le problème intérieur en lui signalant l'importance de sa conférence de presse, compte tenu du fait que la majorité ne se sent pas dirigée et qu'il est bon, au surplus, de donner à l'opinion le sentiment de la présence de l'autorité politique.

La réunion qui se tient ensuite dans son bureau – notre conversation a eu lieu dans la salle à manger, puis dans le jardin – réunit Chaban-Delmas, Maurice Schumann et moi. Les décisions relatives à la campagne de tir et aux Mirage israéliens font l'objet, chacune, d'une brève discussion et d'une mise au point pratique. [...]

Les « affaires »
30 novembre 1971

Depuis l'été 1971 se développe un climat délétère. Les scandales auxquels la classe politique est mêlée se multiplient.

Le 7 juillet éclate l'affaire de la Garantie foncière. Des sociétés écrans achètent à bas prix des immeubles pour les revendre ensuite beaucoup plus cher à la Garantie foncière. Les petits épargnants, abusés par une publicité mensongère et des taux d'intérêt mirobolants, font les frais d'une opération frauduleuse dans laquelle sont notamment inculpés, André Rives-Henrÿs, député UDR du XIXe arrondissement, ancien collaborateur de Chaban, et Victor Rochenoir, avocat, conseiller juridique et fiscal de la société, secrétaire général du groupe gaulliste de gauche Démocratie et Travail. Le 10 juillet, une deuxième société immobilière, le Patrimoine foncier, fait l'objet d'une information judiciaire. Son P-DG, André Roulland, ancien secrétaire général adjoint de l'UDR, est mis en cause… La collusion des milieux politiques avec le monde des affaires, l'ampleur qu'elle semble avoir prise – Rives-Henrÿs s'expliquant, quelques jours plus tôt, à la tribune de l'Assemblée nationale, a cité des noms appartenant au gouvernement et à l'administration – est pour moi un souci majeur et constant : ce n'est pas le seul.

Le 15 novembre éclate « l'affaire Delouette » : un trafic de drogue aux Etats-Unis mettrait en cause des agents du Service de documentation et de contre-espionnage qui dépend de mon ministère. Sur le moment, la crise du SDECE est une affaire d'Etat. Le général Pierre Billotte, ancien ministre gaulliste, déclare le 26 novembre : « Cette maison n'est plus dans l'ordre républicain. Et au point où elle en est, je pense de toute ma conviction qu'elle doit être dissoute. » La manipulation est criante, je n'hésite pas à le dire : « Un roman-feuilleton » qui ne mérite que la « 15ᵉ page d'un journal de troisième ordre ». L'histoire me donnera raison mais, sur le moment, la presse se déchaîne. Il n'est, paraît-il, de « bon SDECE que pourri »...

Il me faut ferrailler à l'extérieur et cela ne serait pas si grave si je me sentais parfaitement à l'aise dans le gouvernement. C'est loin d'être le cas. Le 3 novembre, Le Canard *enchaîné publie la feuille d'impôt du Premier ministre, se référant à une loi que j'avais fait adopter en 1959 levant le secret sur les feuilles d'impôt et ordonnant que le montant des revenus déclarés soit affiché dans les mairies. Que ce texte – tombé en déshérence – soit d'abord appliqué par la presse est pour moi difficilement acceptable mais, sur le principe, je n'ai rien à objecter. En revanche, la publicité donnée, quinze jours plus tard, à l'inculpation d'Edouard Dega, un inspecteur des impôts du XVIᵉ arrondissement qui favorisait la fraude fiscale de certaines personnalités, me choque. D'autant plus qu'elle semble être orchestrée de l'intérieur même du gouvernement par le ministre des Finances. « Giscard fait la fête à Chaban », titre* Le Canard *dans son édition du 24 novembre : « Giscard rend publics le limogeage et l'inculpation d'Edouard Dega. [...] Avec cette précision importante lâchée à la presse : Georges Dega, frère de l'inspecteur et conseiller fiscal, a été membre du cabinet de Chaban durant plusieurs années – à la Défense nationale en 1957 et à la présidence de l'Assemblée nationale ensuite. [...]» Que des sanctions dussent être prises, c'est une évidence. Elles auraient tout aussi bien pu l'être avec discrétion et dans le respect de la solidarité gouvernementale.*

Je vois le président de la République en fin d'après-midi, dans son bureau à l'Elysée. J'aborde immédiatement la conversation sur un plan personnel.

Michel Debré. – Il me devient difficile de rester dans ce gouvernement. Il faut s'accrocher à sa table, ce que je fais par égard pour vous, par souci de l'UDR, mais voyez la situation ! D'abord il devient impossible d'obtenir une décision rapide, très difficile d'obtenir une décision. Ensuite, il n'y a aucune solidarité ministérielle et on craint à chaque instant des coups bas. Enfin il y a les affaires d'argent que vous savez, qui sont intolérables et en face desquelles on manque de rigueur, qu'il s'agisse de châtier les coupables[1] ou de défendre des innocents. Je n'ai pas de solution à proposer. Il y a quelques mois, j'avais fait un diagnostic dont je vous avais fait part : ou les élections sont rapprochées, et le gouvernement peut rester en place ; ou les élections sont à la date fixée et le gouvernement ne gardera pas le tonus nécessaire pour les aborder dans les conditions les plus favorables.

La réponse de Pompidou commence par ma conclusion.

Georges Pompidou. – Il n'est pas possible de changer de gouvernement pour le moment. Il faut attendre les élections.

Suivent quelques réflexions sur ces élections.

Marcellin[2] m'a récemment remis un rapport confidentiel aux termes duquel il garantit la victoire de la majorité, et, à l'intérieur de la majorité, de l'UDR, en insistant sur le fait qu'il ne convient pas de dramatiser l'affaire : c'est au contraire en laissant aller les choses de leur cours normal que l'on doit réussir. Dès lors, la dissolution peut avoir un caractère dramatique et un effet contraire.

---

1. André Rives-Henrÿs ne sera exclu de l'UDR que le 3 décembre.
2. Raymond Marcellin, ministre de l'Intérieur.

Michel Debré. – Présentée d'une certaine façon, c'est-à-dire pour éviter la démagogie des derniers mois de la session ou d'une longue campagne électorale, la dissolution peut apparaître, de la part du président de la République, comme un acte de sérénité.

Georges Pompidou. – Je suis d'accord avec vous.

Nous parlons du calendrier électoral. Nous évoquons octobre 1972 comme date possible des élections législatives anticipées. Il parle du dimanche 18 juin. Tout cela est encore hypothétique[3].

Je reprends l'expression de mes sentiments et des tristesses que je ne suis pas le seul à éprouver, tant s'en faut.

Michel Debré. – Je me sens responsable vis-à-vis de vous – qui avez la plus grande part de l'héritage –, et à l'égard de l'UDR – sans laquelle rien ne pouvait se faire –, mais je n'ai d'égard à garder vis-à-vis de personne d'autre, à tous les autres je ne dois rien et suis libre.

Georges Pompidou. – Mais vous êtes responsable sinon à l'égard de tous, en tout cas à l'égard de tout, c'est-à-dire de tout le gaullisme. Je comprends que plus de rigueur eût été nécessaire, que plus de rigueur sera nécessaire un jour mais, au jour d'aujourd'hui, il convient d'éviter les vagues. En 1969, je ne savais pas tout ce qu'on pouvait dire sur Chaban, sur une certaine part de son entourage.

Il évoque la déclaration fiscale et me fait des commentaires à ce propos.

J'ai tenu le langage le plus ferme à Giscard d'Estaing, en lui reprochant d'avoir volontairement lancé des scandales. « Je n'en veux plus », lui ai-je dit.

Et Giscard, sans se rendre compte qu'il commettait une sorte d'aveu, lui aurait répondu : « Vraiment, vous n'en

---

3. Voir sur ce problème des élections anticipées, p. 79, note 5.

voulez plus ? » Pompidou lui aurait alors reproché l'affaire de l'inspecteur des contributions, à l'égard duquel il n'a aucune preuve et au sujet duquel la publicité a été uniquement faite dans un but politique[4].

La conversation se perd à ce moment-là dans des considérations personnelles sur Michard-Pélissier[5], sur les gaullistes de gauche. Pompidou se dit persuadé que Barberot[6] a attaqué parce qu'il doit avoir, sinon actuellement, du moins dans son passé, des combinaisons avec le trafiquant arrêté aux Etats-Unis. Il me fait savoir qu'il a arrêté la plaque de grand officier du mérite que le Conseil des ministres avait acceptée en faveur de Barberot...

Je reviens à l'essentiel : « moins mes sentiments, lui dis-je, qui sont cependant très nets, que la situation est préoccupante ». Et quand j'en ai terminé de ma seconde démonstration, sans attendre davantage, j'évoque les questions en cours.

Michel Debré. – Je souhaite d'abord vous parler du Tchad et de la Libye. Avez-vous lu ma note ?

4. C'est le début d'une affaire qui va défrayer la chronique et ne se terminer qu'à l'automne 1973. Le 19 janvier 1972, *Le Canard enchaîné* continue sa campagne anti-Chaban et publie cette fois ses déclarations d'impôt : « Un record difficile à battre : Chaban, quatre ans sans payer d'impôt. » Il en ressort que de 1967 à 1970, ce dernier n'a pas payé d'impôt, en toute légalité, grâce à la non-imposition de son traitement de président de l'Assemblée nationale et au mécanisme de l'avoir fiscal. Voir les explications de Jacques Chaban-Delmas, *in L'Ardeur*, Stock, 1975, pp. 380-388 et la biographie de Patrick et Philippe Chastenet, *Chaban*, Seuil, 1991, pp. 411-437.

5. Jean Michard-Péllissier, avocat d'affaires, artisan de l'implantation à Bordeaux de Jacques Chaban-Delmas. Voir le portrait qu'en tracent Patrick et Philippe Chastenet *in Chaban*, *op. cit.*, pp. 424-426.

6. Allusion à l'affaire Delouette (cf. *supra*). Le 19 novembre, le colonel Roger Barberot, ancien employeur de Roger Delouette, a publiquement pris à partie le SDECE, accusant l'un de ses membres, le colonel Beaumont, de « haute trahison ». Ce dernier a porté plainte pour diffamation. L'affaire « Beaumont contre Barberot » passera en jugement le 24 janvier 1972.

Georges Pompidou. – Oui.

Michel Debré. – Je vous signale la gravité de ces deux affaires. Je vous demande de lire ma conversation avec le major Djeloud.

Il est entendu qu'une réunion aura lieu prochainement avec les ministres compétents. J'insiste sur l'urgence et la gravité du problème touchant à la fois séparément l'un et l'autre pays et les probabilités d'une sorte de guerre sainte de la Libye et du Soudan contre le Tchad[7].

Michel Debré. – Le deuxième sujet que je tiens à évoquer est celui de la prochaine campagne nucléaire dans le Pacifique.

Je lui remets le relevé de décisions de la réunion du 18 novembre. Il le lit. Je le lui commente.

– Je vous propose d'en dire un mot en Conseil des ministres pour faire sentir à chacun – Affaires étrangères, Industrie, Economie et Finances, sans oublier le Premier ministre – ses responsabilités en cette affaire.

La conversation se prolonge sur les perspectives de notre force atomique. Je lui expose l'état de la situation, les conclusions du comité des sites que je viens de présider.

A ce moment-là, Pompidou évoque sa conversation avec Brejnev, dont le communiqué confidentiel n'a pas quitté l'Elysée[8].

7. Le Tchad accède à l'indépendance en 1960. A partir de 1964, le pays est en proie à la guerre civile. L'année 1968-1969 voit l'entrée en scène de la Libye du colonel Kadhafi qui revendique un territoire situé au nord du Tchad, la bande d'Aozou. Le 1er mars 1972 doit avoir lieu la passation de pouvoirs entre l'armée française et l'armée tchadienne. Or, l'orientation récente de la politique militaire libyenne révèle l'existence de projets d'action militaire à moyen terme. J'ai reçu le major libyen Djeloud pour une tout autre question et ai saisi l'occasion de lui parler du Tchad. Mon inquiétude n'est pas vaine : en 1973, la Libye annexe la bande d'Aozou.

8. Le numéro un soviétique est venu en visite officielle à Paris en octobre. Le texte de ses conversations avec Georges Pompidou est, pour l'essentiel, reproduit *in* Eric Roussel, *Georges Pompidou, op. cit.*, pp. 451-460.

Brejnev s'est montré très hostile à jamais à la possession par l'Allemagne de l'arme atomique. Il a ajouté que la Russie souhaitait que l'armée française fût la plus forte d'Europe. Notre discussion a porté ensuite sur la réduction des forces. J'ai exposé notre position en cette affaire, notre refus d'être représentés dans des conversations par M. Brosio[9] – c'est probablement à cause de cela que les Russes lanternent M. Brosio.

Michel Debré. – La troisième question que nous devons aborder concerne notre position à l'égard du Portugal. Il est probable que le ministre portugais me demande des Mirage, peut-être même que le président du Conseil portugais vous en parlera lors de votre séjour aux Açores en décembre prochain.

Nous parlons du Portugal, de la situation en Angola qui lui paraît bonne; de celle du Mozambique qui lui paraît mauvaise, de nos rapports avec l'Afrique du Sud; de la conversation que j'ai eue avec Botha[10] et de celle que ce dernier a eue avec Messmer[11], notamment sur le Sud-Ouest africain. Nous parlons également des Açores et de la volonté de Pompidou de marquer au président Nixon qu'en aucune façon celui-ci ne pourra parler à Moscou en notre nom.

Suivent quelques affaires de moindre importance.

La conversation revient à son point de départ et quelques mots amicaux la terminent.

---

9. Manlio Brosio, secrétaire général de l'Alliance atlantique (OTAN), est chargé de négocier avec les Russes. La France refuse d'être associée à ces futures négociations.

10. Pieter Botha, ministre de la Défense d'Afrique du Sud; futur Premier ministre (1978-1989).

11. Pierre Messmer, ministre d'Etat chargé des Départements et Territoires d'Outre-Mer.

Les hésitations d'un président
18 mai 1972

*Au printemps 1972, la France semble atteinte de para-
lysie galopante. Le référendum sur l'élargissement de la
Communauté européenne, qui vient d'avoir lieu, est une
idée de Georges Pompidou. Le sujet de la consultation a
surpris le monde politique. Le résultat déçoit fortement le
Président : le 23 avril 1972, le « oui » l'emporte, mais les
abstentions atteignent le taux record de 40 %, et les votes
blancs ou nuls, celui jamais vu de 7 %. Pendant des
semaines, Georges Pompidou est durement touché par ce
qu'il considère comme un échec personnel. Ce qui aurait pu
n'être qu'un moment pénible à passer risque d'avoir de
néfastes conséquences institutionnelles. L'exécutif est affai-
bli au moment où les tensions qui existent depuis le début
entre Georges Pompidou et Jacques Chaban-Delmas
deviennent un conflit ouvert.*

Le 12 mai, en ouvrant Le Figaro, *j'ai la stupeur de lire
en première page : « A l'occasion du débat de politique générale à l'Assemblée, M. Chaban-Delmas souhaiterait engager la responsabilité de son gouvernement », et, sous la
plume de l'éditorialiste Michel Bassi, l'analyse suivante :
« Après le référendum manqué [Georges Pompidou] peut
estimer que le bon moyen de reprendre l'initiative est de
changer de Premier ministre. C'est peut-être injuste. Ce
n'est pas anormal. Même si le pari est risqué. [...] le bouc*

émissaire retrouve une popularité plus grande que celle qu'il avait auparavant et son départ est ressenti comme une injustice portée au débit de celui qui l'avait commise. [...] M. Chaban-Delmas est décidé à en finir. Il va demander au chef de l'Etat l'autorisation d'engager la responsabilité du gouvernement devant l'Assemblée nationale lors du débat de politique générale, le 23 mai. S'il l'obtient, il pourra repartir de l'avant. Sinon il saura ce que signifie ce refus. »

Dans la forme comme dans le fond, l'article est inadmissible. L'équilibre des pouvoirs voulu par la Ve République interdit à un Premier ministre de se livrer publiquement à une sorte de « chantage » au président de la République : mesurez bien les conséquences de mon éventuel départ. De plus, selon l'article 49-1 de la Constitution, le Premier ministre ne peut décider seul d'engager la responsabilité de son gouvernement. Il n'est autorisé à le faire qu'après délibération du Conseil des ministres. C'est ce que va opportunément rappeler Marcel Gabilly qui signe, le lendemain, l'éditorial du Figaro *: « [...] en prenant les devants il [le Premier ministre] s'attribue une initiative qui devait revenir par droit d'usage au Conseil des ministres et en fait au président de la République. [...] s'il obtient de l'Assemblée la confiance qu'il aura été autorisé à solliciter, c'est lui qui en sera le bénéficiaire en propre, et non plus indirectement le président de la République. Et s'il n'obtient pas cette confiance, c'est l'Assemblée qui aura dicté sa volonté au chef de l'Etat. Pour ce dernier, le risque est évident dans les deux cas. Il n'est pas dans ses habitudes de s'y exposer. Et surtout pas par des voies indirectes. »*

Matignon et l'Elysée s'affrontent par l'intermédiaire des journalistes : ce n'est bon ni pour la pratique constitutionnelle ni pour l'image de la majorité. Le 17 mai, le communiqué du Conseil des ministres autorise le Premier ministre à engager la responsabilité du gouvernement « s'il le juge utile[1] ». Cette « petite phrase » alimente les rumeurs.

Je déjeune à l'Elysée le lendemain, en tête à tête avec Georges Pompidou. Les propos d'avant-déjeuner sont d'ordre politique. La conversation est d'ailleurs rapide.

Michel Debré. – Concernant l'autorisation donnée à Chaban-Delmas d'engager la responsabilité du gouvernement, toute mauvaise qu'à bien des égards soit la mesure, et sans doute inutile, il n'était pas possible d'agir autrement. Vous avez été piégé. Nous avons tous été piégés. Et j'ajoute : Il eût fallu arrêter l'affaire dès le début c'est-à-dire dès le premier article de presse, en faisant publier un démenti à Matignon.

Georges Pompidou. – Chaban ne l'aurait pas voulu puisque c'était lui qui était à l'origine de l'article de presse.

Michel Debré. – Il était facile de faire observer qu'un tel comportement était regrettable. Au départ un Premier

---

1. L'article 49-1 régit les modalités d'engagement de la responsabilité du gouvernement devant l'Assemblée. Je ne suis évidemment pas opposé à son application, comme en témoigne ma propre pratique constitutionnelle : Premier ministre le 8 janvier 1959, j'engage la responsabilité de mon gouvernement sur son programme le 15 janvier suivant. Georges Pompidou fait de même lors de son premier gouvernement en 1962.

Mais l'application de l'article 49-1 doit conserver un caractère exceptionnel afin de ne pas affaiblir un principe fondamental : sous la Ve République, le gouvernement ne procède pas du Parlement mais du président de la République. Or, Chaban a déjà engagé à deux reprises la responsabilité de son gouvernement : le 16 septembre 1969, après son discours sur la « nouvelle société » et le 15 octobre 1970, après un discours-bilan d'un an d'exercice du pouvoir. Il ne me paraît pas utile qu'il ait recours une troisième fois à l'article 49-1. C'est pourtant ce que le Conseil des ministres l'autorise à faire. Le 23 mai 1972, Jacques Chaban-Delmas obtiendra la confiance par 368 voix contre 96 et 6 abstentions.

ministre ne peut pas refuser un démenti quand on lui rappelle le respect de la Constitution.

C'est alors que je sens que Pompidou, d'une manière ou de l'autre, a laissé Chaban s'engager.

Georges Pompidou. – Après le référendum, j'ai pensé qu'il n'était pas inutile que le gouvernement ressaisisse sa majorité et que la majorité, en se sentant si nombreuse, reprenne confiance en elle-même.

Nous abordons alors le référendum. Je lui parle des indications que m'a données Charlot[2] la veille, c'est-à-dire le calcul des experts en science politique, et lui répète ce que je lui avais dit déjà avant le référendum.

Michel Debré. – Il fallait le personnaliser davantage. C'est en fonction d'un pouvoir qui affirme ce qu'il veut que les électeurs réagissent dans un sens ou dans l'autre. Je vous rappelle à quel point le général de Gaulle personnalisait les grandes consultations en demandant qu'on lui fasse confiance ; en arguant de ce qu'il avait besoin de la confiance populaire pour continuer son œuvre...

Georges Pompidou. – Je le reconnais volontiers mais mon tempérament est quelque peu différent.

Au cours du déjeuner, nous ne parlons que des affaires que j'ai inscrites à notre ordre du jour et qui sont toutes

---

2. Jean Charlot, aujourd'hui professeur à l'IEP de Paris, est alors maître de recherches à la Fondation nationale des sciences politiques. C'est un spécialiste du gaullisme. Les informations qu'il me communique sur les mauvais résultats du référendum sont celles qui figurent *in* Philippe Alexandre, *Exécution d'un homme politique*, Grasset, 1973, pp. 260-261. « Le gouvernement charge des spécialistes de la science politique de déterminer les raisons de [la] déconvenue. Au bout de quelques jours, un rapport confidentiel de huit pages est remis au président de la République et au Premier ministre. Les docteurs ont ainsi formulé leur diagnostic : les électeurs de tous les partis se sont abstenus dans une proportion de 22 à 26 %. La majorité a perdu plus de 2 millions de voix (1,9 million d'abstentions, 200 000 non). Le scrutin a montré des reculs caractéristiques de la majorité en Bretagne, en Alsace, dans le Nord – trois bastions du gaullisme – ainsi que dans le Midi viticole et le Massif central. [...] »

importantes. Les accords nucléaires avec les Etats-Unis : la prochaine campagne de tirs dans le Pacifique ; le stationnement des régiments « Pluton » et le satut de la fonction militaire[3] sont successivement abordés. Ces quatre questions n'épuisent pas l'ordre du jour si bien que, pendant le café, nous parlons du futur budget.

Georges Pompidou. – Vous contenterez-vous de 35 milliards ?

Michel Debré. – Il faut dépasser ce chiffre.

Nous évoquons également certaines nominations, dont celle du futur commandant du corps d'armée en Allemagne ; Pompidou lève ses réserves sur le général de Lassus[4].

Nous revenons au problème politique. Nous parlons d'abord de l'Europe. Je lui remets la note que je lui avais préparée.

Michel Debré. – Il faut autant que possible faire cesser les ambiguïtés. L'Europe économique peut être une réalité alors que l'Europe politique est un mensonge.

Comme je lui ai remis une note[5], je ne poursuis pas sur ce sujet et nous reprenons les affaires intérieures.

Michel Debré. – Les députés vont voter la confiance « contraints et forcés ». L'usure de Chaban est telle qu'il faudrait, de sa part, un nouveau ton, un nouveau style pour que l'on puisse envisager qu'il aille jusqu'aux élections de mars.

---

3. Le 3 mai dernier, l'Assemblée nationale a adopté le projet de loi portant statut des militaires, texte qui ne regroupe pas moins de 110 articles et reprend entièrement des dispositions dont certaines remontaient au Premier Empire. Les militaires se voient réaffirmer la jouissance des droits civils et politiques reconnus aux citoyens mais ils ne sont pas syndiqués et certains moyens, la grève par exemple, leur sont interdits. Voir Michel Debré, *Combattre toujours. Mémoires*, t. V, Albin Michel, 1994, pp. 81-84.

4. Général de Lassus Saint-Geniès, commandant de l'école d'officiers et de sous-officiers de Coëtquidan.

5. Voir le texte de cette note en date du 15 mai 1972, reproduit *infra*, pages 105-108.

Georges Pompidou. – Je le reconnais. Je regrette de ne pas pouvoir parler à l'ensemble des députés UDR dont je pense qu'ils me suivraient bien volontiers. Quant au nouveau style, je vous fais remarquer que, la veille, au Conseil des ministres, et pour la première fois, Chaban-Delmas a parlé d'une manière convaincante et avec talent.

Michel Debré. – Vous avez raison.

Nous parlons alors des élections.

Michel Debré. – En ce qui concerne la date de ces élections, c'est, à bien des égards, une question du ressort du président de la République. Si les élections ont lieu à leur date normale, la personnalité du président de la République tend à s'effacer ; si les élections sont anticipées, le président de la République revient en première ligne : il doit expliquer pourquoi il a fait des élections anticipées et pourquoi il souhaite trouver, au lendemain des élections, pour un long temps, les chances d'un gouvernement stable.

Georges Pompidou. – Je reconnais la valeur de ce que vous me dites mais le style d'un président de la République tel que moi, tels que seront ses successeurs ne peut pas être celui du général de Gaulle. Le général de Gaulle avait une emprise sur l'opinion populaire que moi, Pompidou, ne peux avoir. Je suis, de ce fait, obligé d'adopter une autre attitude.

Michel Debré. – C'est une évidence. Mais un président de la République qui s'affirme a des chances que n'aura jamais un président de la République qui hésite à s'affirmer. La réalité récente est préoccupante. Vous êtes en première ligne dans la vie quotidienne alors qu'il serait mieux que vous ne le fussiez pas. En revanche, à l'occasion du référendum, vous ne vous êtes pas mis en première ligne d'une manière suffisante. Un président de la République doit saisir la manière dont il doit se trouver en première ligne : conférences de presse, voyages en province, grands événements – soit qu'ils arrivent, soit qu'il les provoque –, référendums ou élections anticipées. Alors l'opinion se rend compte que le président de la République occupe sa fonction, fait son métier et que, s'il n'est pas solidaire du gouvernement dans la vie de tous les jours, il marque son autorité et ses liens avec l'opinion, sa personnalité de telle façon qu'il puisse agir quand il désire agir. Préparez bien votre futur voyage en province, réussissez votre prochaine conférence de presse comme la précédente et étudiez bien l'affaire des élections anticipées, la décision devant être prise en septembre[6]. Et que la conférence au sommet ne soit pas un empêchement. Des élections devraient avoir lieu en Allemagne en octobre : cette éventualité, à laquelle a songé le Chancelier, n'est en aucune façon retardée par la préoccupation éventuelle d'une conférence au sommet...

Georges Pompidou. – Ce retard nous conviendrait.

Nous reparlons des hommes.

Pompidou reconnaît l'usure de Chaban, les manœuvres de Giscard d'Estaing, l'influence de Poniatowski dont il se demande ce qu'il cherche[7].

6. Lors de sa conférence de presse du 21 septembre 1972, Georges Pompidou renoncera aux élections anticipées. Il précisera : « [...] j'y ai renoncé [...] le jour où j'ai décidé de convoquer le peuple par référendum sur l'Europe parce que je pensais qu'à partir du moment où, en vertu de ma propre décision, bien qu'elle fût sur proposition du gouvernement mais enfin on le savait, je convoquais les électeurs pour une consultation qui n'était pas obligatoire ni prévue, si, après cela, j'usais de mon pouvoir de dissolution pour rappeler les électeurs aux urnes de façon prématurée, je donnerais précisément l'impression d'abuser de mes pouvoirs. De ce jour-là, j'ai décidé de changer le gouvernement. » Les élections législatives auront lieu, comme prévu, les 4 et 11 mars 1973.

7. Michel Poniatowski, député Républicain Indépendant. « Poniatowski pratique la politique avec volupté, comme un jeu réservé aux aristocrates. Giscard, qui l'a choisi comme son vivant contraire, a fait de lui son franc-tireur. "Je lance les grenades" dit Poniatowski. Le prince Michel n'est pas gaulliste. Et s'il a rallié le camp de Georges Pompidou, il enrage de n'être pas encore ministre. Il est persuadé que Chaban l'a rayé de la liste gouvernementale, six mois plus tôt : le Premier ministre tentera vainement de se disculper à ses yeux », *in* Philippe Alexandre, *Exécution d'un homme politique, op. cit.,* p. 55.

Georges Pompidou. – Quels sont les rapports entre Guichard[8] et Poniatowski? Si Guichard devait être Premier ministre, prendrait-il Poniatowski?

Michel Debré. – Je me désintéresse de cette affaire.

Après avoir rapidement évoqué le rôle d'un Premier ministre, de nouveau le rôle du président de la République, nous parlons du Général, de ses *Mémoires*, notamment des derniers chapitres. Pompidou lui reproche beaucoup ce qu'il dit d'Edgar Faure[9], qui ne correspond nullement à ce que le Général lui disait d'Edgar Faure quelque temps avant le référendum. Nous parlons de la famille de Gaulle, des «événements de Mai». Je lui raconte une conversation que j'eus un soir de 1968 avec Mme de Gaulle[10].

Arrivent Claude Pompidou et son petit-fils. La conversation se termine par l'évocation des prochaines vacances de Pentecôte.

---

8. Olivier Guichard, ministre de l'Education nationale.

9. Dans le tome II de ses *Mémoires d'espoir*, *L'Effort*, Plon, 1971, p. 183, le général de Gaulle évoque en ces termes Edgar Faure et son action : «En 1968, l'ouragan soufflera, en effet. Dès qu'il aura passé, sans avoir emporté de Gaulle et son régime, l'Université, sous l'impulsion du grand ministre que j'y aurai appelé, sera, de par la loi, réformée de fond en comble sur la base jusqu'alors réprouvée de la participation. »

10. Mme de Gaulle m'a alors dit : « Les communistes veulent s'emparer de l'Elysée et du Général, nous serons partis avant. » De son côté, la belle-fille du Général, Mme Philippe de Gaulle, craignait pour ses enfants depuis le jour où une « garde » cégétiste avait pris place devant la porte de l'immeuble où son ménage habitait. L'historien aurait tort de minimiser l'influence de la famille pendant les événements de Mai 1968. Moi-même je n'y ai pas prêté suffisamment attention, le Général nous ayant habitués à prendre ses décisions seul quand la Patrie était en jeu. J'ai appris plus tard que le Général avait décidé de quitter la France après que Mme de Gaulle eut été verbalement insultée alors qu'elle faisait ses courses.

NOTE

A L'ATTENTION DE M. LE PRESIDENT DE LA REPUBLIQUE

Une certaine confusion des idées entre Marché commun et Europe politique s'affirmant à nouveau risque à la fois de desservir les intérêts de la France et de provoquer à l'intérieur, notamment au sein de l'UDR, des remous qui doivent, me semble-t-il, être évités.

Un bref retour dans le passé n'est pas inutile.

Je me souviens de deux conversations avec le général de Gaulle, l'une en 1959 et l'autre en 1960, à propos des perspectives européennes. L'une avait été provoquée par je ne sais plus quelle rencontre internationale et l'autre, d'une manière particulière, par ma volonté d'imposer à Couve de Murville, qui n'y croyait pas, l'affirmation d'une politique agricole commune avant le passage à la deuxième étape du Marché commun.

La conclusion de ces deux conversations avait été identique et elle garde son actualité. Nous avons intérêt au développement du Marché commun car il s'agit d'une organisation économique utile à la France et, en outre, apte à créer entre les peuples européens un élément important de solidarité dans la prospérité. Mais l'orientation vers une certaine forme d'Europe politique représente un danger car la France peut se trouver faible devant des coalitions qui lui imposeront des orientations peu compatibles avec son destin.

Cette analyse repose sur une observation exacte des faits. La solidarité économique de l'Europe est une réalité alors que la solidarité politique, à bien des égards, est un mensonge.

Bien plus tard, je crois vous l'avoir rapporté, le général de Gaulle, évoquant l'échec du plan dit Fouchet, concluait : les

Hollandais, en nous empêchant d'aboutir, nous ont rendu un fier service[11].

Les exigences de notre temps ont imposé une « relance ». Cette relance était nécessaire ne serait-ce que pour sauvegarder ce qui a été acquis.

Il n'en faut pas moins mesurer les risques politiques.

Il y a le risque des institutions. Mettre en place des organismes peut provoquer des surprises. Ainsi, sans arrêt depuis quatre ou cinq ans, la diplomatie soviétique nous interroge pour savoir si la France continuera à avoir les mains libres pour traiter avec la Russie de ses affaires économiques.

Il y a le risque de l'atlantisme, entendons par là le risque d'un retour de la France à l'intérieur d'un bloc politique commandé par les Etats-Unis. Ainsi, la France est présentement la seule nation de l'Europe des Dix dont le gouvernement prend position contre la politique américaine au Viêt-nam. Certaines réflexions, lors d'un récent Conseil des ministres, ont révélé les progrès d'une tendance opposée à cette indépendance. L'entrée de la Grande-Bretagne et des Scandinaves renforcera ce courant.

Il y a aussi le risque de réunification de l'Allemagne. Le document sur lequel, à propos de la ratification des traités avec la Russie, sont tombés d'accord les trois partis allemands, prend clairement position sur une Allemagne réunifiée au sein de la Communauté européenne. Cette perspective est inquiétante pour la France.

Il y a le risque de la défense commune. Inutile d'en traiter longuement mais, derrière les thèmes que certains développent aujourd'hui, on retrouverait aisément une tradition, que l'opinion populaire a traduite, selon les siècles, de la manière suivante : la France soldat du roi de Prusse, la France soldat de la reine d'Angleterre !

---

11. Les deux plans Fouchet de 1961 et 1962, du nom du président français de la commission chargée d'élaborer le statut politique de l'union européenne des Six, préconisaient une « union d'Etats » reposant sur un système de coopération. La Grande-Bretagne n'étant pas membre des Communautés, les Pays-Bas et la Belgique ont refusé tout accord.

En d'autres termes, l'intégration politique est une amputation de la France. C'est pourquoi au moment où la coopération est à l'ordre du jour, il est capital de bien montrer que cette coopération n'est pas le prélude à l'intégration, mais une fin politique en soi. L'avenir sans doute n'appartient à personne mais, du présent et du proche avenir, nous sommes responsables.

Je ne sais comment le ministère des Affaires étrangères entend préparer la réunion au sommet[12], mais il me paraît clair que notre ligne doit s'inspirer des deux grandes orientations suivantes.

En premier lieu, le Marché commun ne peut se consolider qu'en s'approfondissant. En second lieu, la coopération politique et le Marché commun sont présentement deux affaires distinctes.

Pour ce qui concerne l'approfondissement, les domaines d'action, pour techniques qu'ils apparaissent au premier abord, sont d'une très grande importance. Si l'on veut la puissance économique de l'Europe, il faut s'entendre sur le brevet européen comme sur la définition de l'entreprise (ou société) européenne. Il doit être clair que l'union monétaire intérieure aux Etats de l'Europe n'a de réelle valeur que si elle a pour objet une action délibérée en faveur d'une refonte du système monétaire international.

La distinction entre Marché commun et coopération politique, étant donné l'esprit des organismes de Bruxelles, est une position qui ne peut pas se traduire seulement par des affirmations de principe. Elle exige une volonté d'implanter l'organisme chargé éventuellement d'aider cette coopération en dehors du périmètre ordinaire des organismes de Bruxelles. Pour parler clair, le secrétariat politique ne doit être implanté dans aucun des pays du Benelux. Comme nous ne pouvons le

12. Les ministres des Affaires étrangères des Dix se retrouveront les 26 et 27 mai à Luxembourg pour une réunion préparatoire à la conférence au sommet. Réunissant les chefs d'Etat ou de gouvernement des pays de la Communauté européenne élargie, la conférence au sommet se tiendra à Paris les 19 et 20 octobre 1972.

souhaiter à Londres et encore moins à Bonn, comme il n'est guère question de mettre les pays scandinaves sur les rangs, il reste le choix entre Rome et Paris et sur Paris, me semble-t-il, on doit ne pas céder[13].

Cette note n'apporte aucun élément nouveau à votre réflexion, mais il est important que l'UDR ait en ce domaine une doctrine nette. Pour bien des raisons, tel n'est pas le cas. Les lointaines perspectives d'avenir ne suffisent pas à excuser les manques de clarté dans le présent – d'autant plus que ces manques de clarté peuvent, je le répète, au sein de l'UDR provoquer des malaises qui ne seront pas seulement théoriques.

13. Sur ce point, mon accord avec Georges Pompidou est total. Le président de la République n'a-t-il pas évoqué, lors d'une conférence de presse à Luxembourg le 4 mai dernier, la création d'un secrétariat politique qu'il désire voir établir à Paris, contrairement à tous les autres membres de la Communauté élargie qui préfèrent Bruxelles ?

« C'est Messmer que j'ai choisi »
5 juillet 1972

Il était prévu que je parte en voyage officiel aux Etats-Unis en début d'après-midi. Dans la matinée, l'annonce, lors du Conseil des ministres, de la démission du gouvernement de Jacques Chaban-Delmas modifie mon emploi du temps. Georges Pompidou m'invite à passer le voir à 15 h 30. Je sais que je ne serai pas désigné comme Premier ministre. Messmer, que je croise dans l'antichambre, confirme ma prévision : il m'annonce sa nomination à ce poste et me confirme aussitôt mon titre de ministre d'Etat chargé de la Défense nationale. Ancien combattant des Forces Françaises Libres, compagnon de la Libération, ministre des Armées du général de Gaulle pendant plus de dix ans, le choix de Pierre Messmer est un gage donné aux gaullistes. Pourtant, il nous surprend tous. Une rumeur persistante donnait comme successeur à Jacques Chaban-Delmas l'actuel ministre de l'Education nationale, Olivier Guichard. Que Messmer lui soit préféré par le Président montre clairement que ce dernier entend tenir à distance les plus fortes personnalités des gaullistes historiques, ceux que l'on appellera familièrement les « barons ».

Georges Pompidou. – C'est Messmer que j'ai choisi. Il faut, en effet, resserrer les rangs. Je sais que c'est à vous que j'aurais dû faire appel, et même cela aurait été naturel, mais vous êtes trop gaulliste. Les Duhamel, les Pleven s'en plaignent[1]. En vérité, le Général aurait dû vous nommer en 1968 après mon départ.

Michel Debré. – Si le Général m'avait nommé après votre départ, je vous garantis qu'il n'y aurait pas eu de référendum et les choses, au moins pendant quelques mois, auraient été différentes.

Georges Pompidou. – Si j'étais resté Premier ministre, il n'y aurait pas eu davantage de référendum. C'est parce que nous n'étions là ni l'un ni l'autre que le Général a commis cette faute.

Michel Debré. – Je ne veux pas insister sur mon cas personnel mais il est quand même curieux que ce soient les réflexions de Duhamel ou de Pleven qui orientent votre choix. J'ajoute qu'au moins en ce qui concerne Duhamel, il m'a fait part des regrets qu'il éprouve d'avoir pris, en 1969, une position hostile à mon égard.

Georges Pompidou. – Je suis heureux de l'entendre, mais vous êtes quand même trop gaulliste. Sans doute vous avez beaucoup d'influence sur l'UDR, mais nos partenaires se plaignent de la puissance de l'UDR.

Michel Debré. – Mais la puissance de l'UDR doit demeurer, sinon, tout s'effondre...

Georges Pompidou. – C'est bien ce que j'ai pensé et pourquoi, entre autres raisons, je ne pouvais pas garder Chaban-Delmas qui ne travaillait pas à maintenir la puissance de l'UDR.

Après un instant de silence, Pompidou dit : – A part vous, il n'y a que Giscard d'Estaing[2] qui soit capable d'être Premier ministre.

1. Les centristes Jacques Duhamel, ministre des Affaires culturelles et René Pleven, Garde des Sceaux, ministre de la Justice dans le gouvernement Chaban, conservent leur poste dans le gouvernement Messmer.
2. Valéry Giscard d'Estaing demeure ministre de l'Economie et des Finances dans le gouvernement Messmer.

Michel Debré. – N'élevez pas trop haut la capacité de Giscard. Il sait bien exposer les problèmes. Il a une excellente technique de publicité et de propagande personnelles. Mais il n'a pas d'imagination et il n'y a pas chez lui le souci ni la connaissance des intérêts politiques fondamentaux de la France. Cela dit, si vous dites qu'il n'y a que Giscard et moi, ou plutôt moi et Giscard pour être capables, quel motif vous a fait choisir Messmer ?

Georges Pompidou. – Je vous le dis, il ne semble pas que votre nomination soit possible.

Michel Debré. – Dites plutôt que Messmer est transparent et que vous vous retrouverez aisément à travers lui.

Silence.

Georges Pompidou reprend : – J'aurais pu aussi choisir Guichard, mais je ne l'ai pas fait car je savais bien que dans ce cas vous partiriez[3]. Il n'y avait guère qu'avec Messmer que vous puissiez rester.

Michel Debré. – Telle est bien la vérité. Guichard, au surplus, n'a pas le sentiment qu'il faut resserrer les rangs.

Georges Pompidou. – Vous avez raison. Lui, si habile, ne comprend pas cela. Mais, n'est-ce pas, vous seriez parti si je l'avais nommé ?

Michel Debré. – Oui. Je me souviens d'avoir en vain demandé dans ce bureau, au général de Gaulle, d'accepter que je nomme Guichard secrétaire d'Etat.

---

3. « Depuis son passage au ministère de l'Education nationale, il [Olivier Guichard] n'est plus dans les petits papiers de Georges Pompidou. A cause du latin. Et de sa force d'inertie bien insaisissable. Quand Michel Jobert avait évoqué son nom, au début du printemps, Georges Pompidou avait d'ailleurs froncé ses sourcils : "Guichard ? Mais regardez donc ce qu'il a fait du latin ! Il n'en fait qu'à sa tête. Alors Premier ministre ? Non. Je lui donnerai des instructions et cela sera pareil. Il n'en fera encore qu'à sa tête" », *in* Frédéric Abadie et Jean-Pierre Corcelette, *Georges Pompidou 1911-1974. Le désir et le destin*, Balland, 1994, p. 348.

Georges Pompidou. – Et moi il m'a fallu beaucoup de temps pour décider le Général à le nommer enfin dans le gouvernement. Si je l'avais nommé Premier ministre, il aurait placé Giscard aux Affaires étrangères, vous aurait demandé de prendre l'Economie et les Finances...

Michel Debré. – Il faut faire attention. Les orientations qui sont celles de Giscard en matière de politique étrangère ne sont pas les nôtres. Il ne sait pas ce que c'est qu'une politique française.

Nouveau silence.

Michel Debré. – Si les choses continuent comme elles ont été au cours des trois dernières années et comme elles sont présentement, je mettrai fin moi-même à ma vie ministérielle.

Georges Pompidou. – Ne parlez pas ainsi !

Michel Debré. – Je suis bien contraint de parler ainsi.

Georges Pompidou. – Il nous faut gagner les élections.

Michel Debré. – C'est pourquoi je reste. Et c'est après les élections que le problème se posera.

A ce moment-là de l'entretien, je change de conversation.

Michel Debré. – Parlons de nos affaires.

Nous parlons de mon voyage aux Etats-Unis et de la réorganisation de notre commandement au Tchad. [...] Après quoi Pompidou me parle du futur ministère. Il m'explique les ministres dont il entend se débarrasser et pour quels motifs. Ministres et secrétaires d'Etat défilent ainsi les uns après les autres. Je lui donne mon avis. Je lui demande le maintien de Fanton (qu'il m'accorde...) et de Lipkowski (sans réponse)[4]. Il me demande mon juge-

----

4. Ni l'un ni l'autre ne resteront dans ce gouvernement. Je perçois l'exclusion de Fanton comme un avertissement de la part de Pompidou.

ment sur Poncelet et Christian Bonnet[5]. En fait, le ministère est déjà constitué avant même que Messmer ait commencé ses consultations.

Je me lève.

Georges Pompidou. – Vous m'avez froissé en me mettant
en garde, l'autre jour, contre l'élargissement. Je n'avais pas
l'intention d'élargir le gouvernement. Ç'aurait été une
faute. Mais beaucoup m'en parlaient, et d'abord Guichard.
Je n'avais pas l'intention de commettre cette faute.

5. Christian Poncelet, chargé des affaires sociales à l'UDR, devient
secrétaire d'Etat aux Affaires sociales; Christian Bonnet est nommé
secrétaire d'Etat à l'Aménagement du territoire, Equipement, Logement
et Tourisme.

Une rentrée orageuse
29 août 1972

Le jour de ma rentrée à Paris, après une semaine passée en Touraine consacrée aux problèmes d'Amboise, Pompidou me convoque pour un déjeuner en tête à tête à l'Elysée. Je ne connais pas la raison pour laquelle il souhaite me parler mais je la devine aisément : René Tomasini, pour raison de santé, vient de démissionner du secrétariat général de l'Union des Démocrates pour la République (UDR). Le 5 septembre prochain doivent avoir lieu les élections pour le remplacer. Un de mes proches, André Fanton[1], souhaite être candidat. Je m'attends à devoir le défendre – il n'est pas le candidat de l'Elysée, qui a choisi le président de la Commission des affaires culturelles, familiales et sociales de l'Assemblée nationale, Alain Peyrefitte –, mais je suis désarçonné par le fossé qui s'est creusé entre Georges Pompidou et moi. Mes notes en témoignent : je n'ose plus dévoiler toute ma pensée au président de la République. Notre échange est désormais faussé par des sous-entendus qui sont autant de désaccords non formulés.

Le 5 septembre, « sans investiture et sans soutien », André Fanton et Alexandre Sanguinetti seront présents au premier tour de l'élection. Ils obtiendront plus de voix qu'Alain Peyrefitte qui l'emportera néanmoins et deviendra le nouveau

1. Voir « C'est Messmer que j'ai choisi », p. 110, note 4.

secrétaire général de l'UDR. Peyrefitte animera la campagne électorale. On avisera une fois les échéances électorales passées. Ce résultat est somme toute un échec acceptable. L'accueil qui m'est réservé aux journées d'études parlementaires du groupe gaulliste, le 19 septembre, confirme mon autorité morale sur les députés UDR. Mais le malaise qui existe désormais avec Georges Pompidou est lourd à porter et ne présage rien de bon pour mon action.

J'arrive à l'Elysée vers 13 heures. Je trouve un Président détendu. Nous échangeons nos impressions de vacances ainsi que quelques considérations sur nos familles respectives – Pompidou me parle notamment de son petit-fils, Thomas, qu'il estime fort avancé et auquel il est attaché.

L'entretien porte ensuite sur l'état d'esprit des personnes que nous avons pu rencontrer. Je lui parle de ce qu'il m'a semblé voir à Amboise : des gens démobilisés, désintéressés des affaires publiques, sauf de la hausse des prix. Je lui fais part en outre de mon agacement de voir à quel point la télévision continue de donner une place abusive aux dirigeants des syndicats. Il me fait part, de son côté, d'observations analogues et regrette que la télévision, sur ce point, ne se soit pas encore réformée.

Nous passons à table et, après un court silence, je lui expose à quel point, depuis dix-huit mois, la situation française me paraît s'être dégradée.

Michel Debré. – La dégradation est d'abord financière – hausse des prix et mauvaises orientations budgétaires et fiscales. La dégradation est ensuite sociale : notre effort en matière d'équipement public est insuffisant. Il existe de multiples abus en ce qui concerne les rémunérations directes, les pensions, l'assistance alors que, pour l'équilibre de la France, il faudrait un effort en matière de crèches, de dispensaires... Tout bien considéré, peut-être s'agit-il moins d'une dégradation que de choix médiocres et d'orientations qui ne sont pas les meilleures. Je ne fais pas une analyse plus optimiste de la situation politique : l'UDR est affaiblie, la majorité n'a pas de leader suffisamment crédible. Cela aboutit à une relative inaction face à une opposition qu'il serait cependant facile de critiquer. Concernant la politique extérieure, je n'emploierai pas le mot dégradation mais force est de constater que les difficultés sont grandes. Prenons l'exemple de la future conférence européenne au sommet[2]. Si je prends les différents points qui pourraient être inscrits à l'ordre du jour, je n'en vois aucun où nous puissions obtenir satisfaction. Je crains, au contraire, que nous ne soyons entraînés à des concessions. C'est l'échec d'une politique extérieure qui ne me paraît pas suffisamment claire.

Un silence suit ce long propos. Pompidou ne retient que mon dernier développement et traite du problème extérieur.

Georges Pompidou. – Schumann[3] est allé à Bonn et à Londres. C'est à ma demande expresse qu'il a pris ses distances par rapport à la conférence, mais, de tous côtés, on me dit que cette conférence est utile d'un point de vue de politique intérieure. Edgar Faure[4] m'a d'ailleurs rendu visite à ce sujet.

Pompidou ne répond pas sur le fond de mon propos. Après un moment de silence, je reprends l'idée générale de mon exposé en reconnaissant qu'il est sans doute difficile de réagir sur tous les fronts, à six mois des élections.

2. La première conférence au sommet, réunissant les chefs d'Etat ou de gouvernement des neuf pays de la Communauté européenne élargie, se tiendra à Paris les 19 et 20 octobre suivants.
3. Maurice Schumann, ministre des Affaires étrangères.
4. Edgar Faure, ministre d'Etat chargé des Affaires sociales.

Il faut cependant éviter de donner l'impression de vivre au jour le jour.

A ce moment-là, Pompidou me parle du dernier référendum[5] :

– C'est le référendum qui m'a empêché de changer Chaban avant la session parlementaire. C'est le référendum qui m'a empêché de faire des élections anticipées.

Est-ce exact ? Le référendum n'avait-il pas plutôt pour objet d'éviter le changement de gouvernement et d'éviter d'anticiper les élections ? Je n'exprime pas ma pensée.

Michel Debré. – Il eût fallu changer le gouvernement avant le référendum.

Pompidou ne me répond pas. Il revient au référendum :

– Les Français ne m'ont pas suivi.

Il se réjouit que le changement de gouvernement ait eu lieu, et ce thème continue au moment du café. Il évoque les scandales :

– Ce qu'on a reproché à Chaban coûtera moins cher à Chaban qu'à l'UDR.

Il me parle de certaines autres affaires en cours, ou qu'il appréhende. Les rapports entre certains députés et le monde des affaires sont réels. Il me cite Michard-Pellissier[6], évoque ses amitiés et la facilité avec laquelle certains ont répondu à ses invitations.

Michel Debré. – Peut-être pourrions-nous parler du secrétaire général de l'UDR ?

Georges Pompidou. – Oui, bien sûr. C'est d'ailleurs à ce sujet que je désirais vous voir.

Michel Debré. – Je ne pense pas que Peyrefitte soit la personne idéale pour occuper ce poste. Mon avis personnel serait de peu d'intérêt s'il ne tenait compte de

5. Sur le référendum du 23 avril 1972, voir p. 98, note 2.
6. Voir « Les affaires », p. 92, note 5.

l'opinion des militants, qui lui est moins favorable encore que la mienne. Peyrefitte va apparaître comme un délégué du gouvernement auprès de l'UDR.

Georges Pompidou. – Je ne conteste pas votre analyse, mais je ne vois pas qui pourrait prendre la place. D'ailleurs Peyrefitte, ce n'est pas moi qui ai eu cette idée, c'est Messmer.

Michel Debré. – Pourquoi ne pas proposer le poste à Fanton ?

Georges Pompidou. – J'ai beaucoup d'amitié pour Fanton qui a été mon élève. Mais Fanton serait la victoire d'un clan.

Michel Debré. – Je n'ai pas de clan.

Georges Pompidou. – Les autres pensent que Fanton appartient à votre clan. C'est l'apparence.

Michel Debré. – Ce que les autres pensent ne m'intéresse pas.

Georges Pompidou. – J'ai regretté que Fanton n'ait été secrétaire d'Etat auprès de vous.

Michel Debré. – Moi aussi. J'avais mis en garde Chaban contre le fait de nommer Fanton auprès de moi mais, à la fin de la constitution du ministère, il s'est révélé que ou je prenais Fanton ou Fanton n'était pas secrétaire d'Etat.

Pompidou en profite pour détourner la conversation et s'attarder sur les problèmes posés par la constitution du gouvernement Chaban. Il me dit du mal de Giscard d'Estaing.

Michel Debré. – J'avais mis Chaban en garde contre le fait de nommer Giscard aux Finances... Il valait mieux lui confier l'Education nationale.

Georges Pompidou. – Vous aviez raison.

Michel Debré. – En ce qui concerne Fanton, il ferait un bon secrétaire général pour l'UDR. Il n'est pas du tout compromis dans les « affaires ». Peyrefitte, me direz-vous, aussi est honnête et tout autant gaulliste. Fanton a, à mes yeux, l'avantage d'être un bon organisateur – il a fait ses preuves à la Défense nationale, je m'en porte garant. Enfin, il se dévouera à sa tâche et restera longtemps secrétaire général.

Pompidou ne me répond pas clairement. Un silence.

Georges Pompidou. – Si, aujourd'hui, je cassais ma pipe, qui serait candidat à ma succession?

Michel Debré. – Chaban, Giscard, Edgar Faure et Mitterrand.

Georges Pompidou. – Edgar Faure, je ne le crois pas. Il a renoncé à cette idée.

Michel Debré. – C'est une idée qui peut revenir vite[7].

Georges Pompidou. – A votre avis, de Chaban et de Giscard, qui viendrait en tête?

Michel Debré. – Cela dépend des circonstances. Impossible de faire un pronostic. Toutefois, Giscard n'aura pas la masse gaulliste, mais que sera l'importance de cette masse dans quelques mois, dans quelques années?

Georges Pompidou. – Je ne comprends pas Giscard. Il s'est mis comme une pierre sur notre chemin. Il n'a pas compris qu'il n'avait de chances qu'en restant près de nous.

Je reviens à mon exposé primitif. Pompidou m'interrompt pour me reparler de la politique extérieure.

Georges Pompidou. – C'est à cela que je tiens le plus. Est-ce que les Français comprennent bien les exigences de la politique extérieure? Si l'on faisait un référendum sur l'Otan, n'y aurait-il pas une majorité pour accepter l'intégration?

---

7. Edgar Faure sera candidat lors des présidentielles anticipées de mai 1974. Il se retirera le 9 avril à l'annonce de l'éphémère candidature d'union de Pierre Messmer.

Michel Debré. – Je ne suis pas d'accord avec vous. Mais, en matière de politique extérieure, il est difficile de fonder une politique sur une opinion publique qui ne saisit ce problème qu'à certaines occasions ou lors de certaines circonstances. Un gouvernement est jugé sur sa politique intérieure et, s'il a la confiance en raison de sa politique intérieure, il peut faire la politique extérieure de son choix. L'exemple caricatural est donné par Charles X. Le dernier gouvernement de Charles X était criminel d'un point de vue intérieur. C'est pourquoi il a échoué dans une politique extérieure qui était cependant nationale. [...]

Pompidou donne son accord et me reparle du référendum.

Avant de partir, j'évoque le budget. Deux mots d'ordre général, et, concernant le budget de la Défense, l'impossibilité où je me trouve d'aboutir.

Des paroles aimables terminent l'entretien.

Je ne suis plus ministre
28 mars 1973

Le 27 mars, en Conseil de défense, je vois brièvement Georges Pompidou. Après nous être félicités du résultat des récentes élections législatives qui maintient, au bénéfice du gouvernement, une majorité confortable et une fois que le Président m'eut confirmé son intention de garder Messmer comme Premier ministre, je lui redis mon désir profond : reprendre le ministère de l'Economie et des Finances. Je sais que je le mets dans l'embarras. Il tient à conserver Giscard d'Estaing à ce poste ; j'estime que l'y maintenir revient à condamner la France à l'inflation continue... A cette opposition de fond s'ajoute mon exaspération devant les manœuvres du ministre de l'Economie et des Finances − qui vient d'obtenir l'accord de Pompidou pour imposer au budget de la Défense une réduction injustifiée et dangereuse de crédits pourtant déjà votés.

Le 28 mars, après le Conseil des ministres, en fin de matinée, Pierre Messmer remet la démission de son gouvernement au président de la République. Personne n'ignore alors que Pierre Messmer est reconduit dans ses fonctions. Pourtant il y aura des changements : certains ministres, battus aux élections, tels Pleven et Schumann, sont démissionnaires ; en revanche, les centristes, qui constituent désormais un groupe parlementaire autonome, espèrent entrer au gouvernement. Avec raison car l'heure est à « l'ouverture ». La conversation de cin-

quante minutes que je vais avoir ce jour-là avec le président de la République est probablement l'une des plus pénibles de ma carrière politique. Elle intervient à un moment où je suis durement contesté dans mon action de ministre de la Défense.

    La suppression des sursis, prévue par la loi du 9 juillet 1970 réorganisant le service militaire, entre en vigueur. Le sursis créait une grave injustice sociale : il suffisait à un titulaire du bac de s'inscrire à l'Université pour retarder son incorporation pendant plusieurs années, alors que le jeune ouvrier ou le jeune paysan, qui n'avaient pas fréquenté le lycée, se trouvaient d'office en uniforme à 20 ou 21 ans. Longuement négociée dans le cadre d'une commission armée-jeunesse – où l'Union nationale des étudiants de France (UNEF) a joué un rôle très actif –, cette loi fait l'unanimité au Parlement – à une exception près, celle de Michel Rocard. Personne ne pouvait imaginer le tollé soulevé par son application trois ans plus tard. Depuis la mi-mars, des manifestations ont lieu dans toute la France ; le 22 mars, 200 000 lycéens défilent à Paris. On descend dans la rue contre la « loi Debré ». Cela ne m'impressionne pas. Interrogé sur Europe n°1, je reste ferme : « Tant que le service national s'inscrira dans la tradition républicaine de notre pays, de son intérêt général, la loi votée en 1970 ne sera pas changée. [...] Ce n'est pas une manifestation de rue qui exprime la volonté nationale. » Une chose m'a profondément touché : qu'au plus fort des affrontements, François-Régis Mahieu, vice-président de l'UNEF, signe dans Le Monde *du 24 mars une tribune libre, « Pourquoi a-t-on demandé l'abrogation d'un système réactionnaire ? », où il réaffirme son soutien à la loi. Le 28 mars, une nouvelle réunion de la commission armée-jeunesse doit avoir lieu afin d'essayer de trouver certains aménagements... C'est mon successeur, Robert Galley (UDR), qui héritera du problème puisque, à la fin de la journée, je ne serai plus ministre.*

Mon départ du gouvernement n'est officiel que le 3 avril. Raymond Barillon le commente en ces termes : « L'"ouverture" voulue par un président de la République tout-puissant et désireux de regrouper sous sa bannière tous les modérés (qu'ils se disent Républicains Indépendants, Réformateurs démocrates-sociaux ou Union centriste) postulait la mise à l'écart d'un gaulliste intégriste. [...] Michel Debré qui se sentait mal à l'aise depuis plusieurs mois et s'était trouvé en désaccord avec la stratégie électorale du chef de l'Etat [...] se retrouve donc simple député, comme de 1963 à 1966 [...]. Serait-ce la fin d'une époque ? C'est un tournant. La France pompidolienne se cherchait depuis juin 1969. Elle s'est trouvée[1]. »

Après avoir déjeuné à l'Elysée avec l'ensemble des députés du groupe UDR[2], j'y retourne en fin d'après-midi pour voir le président de la République seul à seul. La conversation commence, de mon fait, par un assez long exposé.

Michel Debré. – Il y a quelque ridicule à mettre l'accent sur des problèmes de personnes et de dosage sans dire un mot des problèmes...

Georges Pompidou. – Estimez-vous que le discours que j'ai prononcé à la fin du déjeuner à l'ensemble des députés UDR correspond à ce que ces députés attendaient ?

Michel Debré. – Je vais vous parler franchement. Pour tout ce que vous avez dit, je n'ai pas d'observation à faire et les députés ont été satisfaits. Je vous félicite d'avoir bien

---

1. Raymond Barillon, « Une réalité et un tournant », *Le Monde*, 4 avril 1973.
2. C'est la première fois, sous la Ve République, que les membres d'un groupe parlementaire (183 députés) sont reçus à déjeuner à l'Elysée. Par ce geste, le président de la République entend inaugurer un nouveau style de rapport entre le pouvoir exécutif et le pouvoir législatif.

exposé une nouvelle fois, comme je le dis moi-même, que le problème n'est pas gouvernement-Parlement mais gouvernement-majorité d'une part et opposition de l'autre. Un assez grand nombre de députés auraient certainement souhaité une conclusion évoquant la grandeur de la tâche à accomplir et les intérêts de la nation à sauvegarder ou à promouvoir... En ce qui me concerne, je tiens plus particulièrement à vous parler de l'Etat, de l'UDR et des prochaines élections, notamment présidentielles.

Je parle d'abord de l'Etat et je traite successivement de quatre questions.

La première est celle de l'Education nationale.

– Je vous rappelle ce que vous avez dit, il y a quatre ou cinq ans : l'Université française ne se relèvera qu'au bout d'une vingtaine d'années. Cette phrase supposait que l'Université et l'ensemble de l'Education nationale deviennent des machines de guerre. Si l'on ne commence pas, habilement, progressivement, une réaction dans tous les domaines, c'est-à-dire discipline autant que pédagogie, les conséquences politiques et nationales peuvent être désastreuses.

Je parle ensuite de la justice.

Michel Debré. – La gestion du ministère de la Justice depuis le départ de Foyer est un désastre, l'introduction du syndicalisme acceptée par Capitant est dramatique, Pleven se montre beaucoup trop faible[3]. Pour la nouvelle génération de magistrats, la loi n'est plus une règle, mais une base de discussion et si l'on n'y porte pas remède, la situation sera bientôt, du point de vue politique et du point de vue social, ce qu'est l'Education nationale.

3. Jean Foyer a été Garde des Sceaux, ministre de la Justice d'avril 1962 à avril 1967 ; René Capitant de mai 1968 à avril 1969 et René Pleven, de juin 1969 à avril 1973.

Je vois, à ce moment-là, la surprise sur son visage.

Michel Debré. – Et le problème est d'autant plus important qu'il n'y a pas d'ordre public sans justice appliquant la loi.

J'évoque ensuite le problème familial et démographique.

Michel Debré. – Il s'agit là d'un problème de gouvernement et il serait dangereux de laisser les parlementaires discuter tout à leur aise contraception, avortement... Ces problèmes sont importants. La législation doit être libéralisée. Mais, du point de vue national, il faut élever la discussion au niveau des exigences fondamentales qui sont celles des démographes et de la famille. Les caisses d'allocations familiales ont dégagé un bonus considérable (8 à 9 milliards). Pourquoi ne s'en est-on pas servi pour faire un geste utile il y a quelques mois ?

Pompidou marque sa surprise. D'une manière générale, j'insiste sur la nécessité de saisir le problème d'ensemble de la famille et de la démographie au niveau du gouvernement, c'est-à-dire à son niveau à lui. Le dernier point que j'aborde est le problème social.

Michel Debré. – Il y a à boire et à manger dans le discours de Provins. Il faut savoir ce que l'on veut. Il y a une priorité : ce sont les équipements. Le temps est venu de faire, en matière de centres médico-sociaux, de crèches, de garderies et de construction d'hôpitaux, l'effort qui a été fait en matière de logements, de routes et d'écoles[4]. C'est là l'essentiel et c'est sur ce point que la majorité sera jugée d'ici trois ou quatre ans. En ce qui concerne les prestations, il convient de ne pas augmenter telle ou

4. C'est surtout sur les progrès réalisés dans le domaine du logement, le développement des transports publics et l'effort en faveur des écoles maternelles qu'a insisté le Premier ministre, Pierre Messmer, dans son discours de campagne prononcé à Provins le 7 janvier 1973.

telle selon les circonstances et les mouvements du moment. Il faut chercher de grands points d'impact : famille, personnes âgées, handicapés et leur donner priorité. La troisième part du programme a trait à la réduction de la durée du travail. Il faut faire preuve d'imagination, ne pas généraliser la cinquième semaine de congés payés mais la réserver à ceux qui ont quarante ans d'âge ou vingt ans de travail, savoir moduler l'âge de la retraite et non établir des limites trop rigides, etc.

Je passe ensuite à l'UDR.

Michel Debré. – Je regrette de vous voir réservé à l'égard d'une présidence du mouvement, mais vous ne pouvez à la fois refuser cette présidence et déclarer vous désintéresser des structures : la situation présente, telle qu'elle s'est révélée depuis deux ou trois ans, est détestable. Chacun commande : le secrétaire général, un collaborateur de Matignon, un collaborateur de l'Elysée. Si, à l'extrême rigueur, tous ces commandements peuvent s'entendre devant l'obstacle, ils n'ont ni la capacité de réflexion, ni la capacité de prospective indispensables à un grand mouvement. La situation est présentement plus que mauvaise. S'il n'y est pas porté remède par l'instauration d'un directoire ou de toute autre formule, nous nous trouverons dans la difficulté. Je vous le dis très nettement : vous avez tort de ne vous intéresser à cette affaire qu'en refusant quelque chose. Votre refus de la présidence vous impose de donner à l'avance votre accord à une formule qui permette à l'UDR de regarder l'avenir – par un commandement collectif peut-être, mais responsable. Je le dis d'autant plus que les adversaires sont tout près d'agir, en particulier Giscard d'Estaing et les Indépendants...

Georges Pompidou. – Les Indépendants sont, aujourd'hui, disqualifiés. Plus tard...

Je fais des réserves, évoque d'un mot leur comportement d'hier et d'aujourd'hui. Mais je sais que le Président ne peut pas me suivre sur ce terrain.

Michel Debré. – Etes-vous conscient de la hâte avec laquelle Giscard veut votre départ ?

Pompidou paraît dubitatif.

Michel Debré. – Je vous mets en garde non seulement contre l'attitude de Giscard, volontairement flatteuse, alors qu'elle est assez hypocrite, mais également contre ses propos, qui sont très différents de ceux que vous pouvez entendre.

J'arrive enfin aux présidentielles, en indiquant au passage qu'il est capital de considérer l'ensemble de ces élections qui sont devant nous, et même les plus petites, de ne pas les traiter à la légère.

Michel Debré. – Parmi les problèmes tactiques, il y a le mécanisme des fraudes électorales dans les municipalités socialistes et communistes, notamment dans le midi de la France et dans la région parisienne. On assiste également à l'accentuation de la mainmise sur les grands organes de presse de province en fonction d'une stratégie qui me paraît d'ores et déjà arrêtée par l'opposition.

Je donne des exemples, notamment *La Nouvelle République du Centre-Ouest.*

Ce tableau général surprend mon interlocuteur. Il ne me répond que sur le chapitre des présidentielles. Il va le faire assez longuement.

Georges Pompidou. – La prochaine élection présidentielle va naturellement être capitale. Il faudra la gagner. S'il ne se trouve personne capable de battre le candidat de l'Union de la gauche, je me représenterai. Toutefois, au fond de moi-même, je n'en ai pas très envie car l'existence que je mène est fatigante et j'aurais le désir de me retirer et de me mettre à écrire. Je ne suis pas de la race des vaillants octogénaires tel Pinay, tel Prouvost[5] !

Il développe ces propos pendant quelques minutes, insistant tour à tour sur la nécessité de trouver quelqu'un qui puisse lui succéder et sur le fait que la situation pourra être telle qu'on ne trouvera pas meilleur que lui-même.

Après un silence, il me dit : – Peut-être conviendrait-il de parler de vous-même.

Et, enchaînant, regardant au plafond :

– Je crois que Pierre Messmer n'a pas l'intention de vous conserver dans le prochain gouvernement. Il ajoute aussitôt : – Mais je vous affirme que Lecanuet[6] n'entre pas dans le gouvernement.

Michel Debré. – Georges, il me paraît inutile d'évoquer le nom de Messmer dans le débat. Il y a quelques semaines, sinon quelques mois, que je m'attends à une phrase de ce genre. Je n'en voulais pour preuve que la manière désagréable dont vous vous comportiez à mon égard depuis quelque temps.

Silence.

Après quoi il m'explique tour à tour que je suis trop gaulliste et que je suis le meilleur.

Michel Debré. – Ne vous donnez pas la peine de développer votre pensée.

Georges Pompidou. – Il est indispensable d'envisager l'ouverture. Les circonstances ne sont jamais les mêmes.

---

5. Antoine Pinay a 82 ans ; Jean Prouvost, industriel textile, patron de presse et d'édition, est âgé de 88 ans.

6. Jean Lecanuet, président du Centre Démocrate, sénateur. « Dans une interview publiée le 4 avril par *Paris-Normandie*, M. Lecanuet indique que M. Messmer lui a officiellement proposé de faire partie du nouveau gouvernement et de prendre en charge "un ministère particulièrement important". M. Lecanuet refusera cette offre », in *L'Année politique 1973*, PUF, 1974, p. 35.

Les problèmes évoluent. L'attitude que vous avez prise, même si elle a une apparence populaire, fait que vous apparaissez comme exigeant le maintien de certaines orientations... Je ne peux pas dire, moi, que j'ai toujours été gaulliste, mais je pense avoir, au contact du Général, compris sa pensée politique et c'est une pensée politique qui permet beaucoup d'évolutions. Le Général de 1958 n'était pas le Général de 1940, celui de 1968 n'était pas celui de 1958. De plus, comment se fait-il que vous ne soyez pas plus populaire ? On ne crie pas : « Nous ne voulons pas de la loi sur les sursis. » On dit : « Nous ne voulons pas de la loi Debré »...

Michel Debré. – Si vous vous tournez vers le passé, vous trouverez ma popularité suffisamment grande quand j'étais à l'Economie et aux Finances ou aux Affaires étrangères. Si vous n'aviez pas cédé à mes adversaires en 1969, je n'aurais pas eu la charge des ventes d'armes, des explosions nucléaires, du Larzac[7], des sursis, etc. J'ai eu à maintenir contre Chaban, contre tout le monde une politique militaire dont personne, sauf vous et moi, n'avait compris l'importance.

Georges Pompidou reste un instant silencieux :

– Il est bien clair que votre place serait à Matignon. Il n'y en a pas de plus capable : je ne cesse de le dire à mes collaborateurs, je le dis même fréquemment à Claude[8]. Ce serait pour moi une immense satisfaction et beaucoup moins de travail. Je n'ai eu que des soucis avec Chaban ; Messmer n'est pas suffisant. Mais, enfin, il faut tenir compte de l'évolution des choses.

7. Le Larzac est une région agricole pauvre située en majeure partie dans le département de l'Aveyron. En 1971, elle devient le théâtre d'un mouvement de contestation non violente concernant un projet d'extension du camp militaire existant. Le conflit durera dix ans. Le projet d'extension sera abandonné.
8. Mme Pompidou.

Je reste silencieux.

Pompidou reprend : – Ne croyez pas que votre carrière soit terminée. Il y aura d'autres changements. Vous verrez bien après les présidentielles. Et dans cinq ans, vous serez le chef de l'opposition.

Michel Debré. – Vous savez, à mon âge...

Georges Pompidou. – Vous êtes plus jeune que moi. De six mois. Vous avez deux ans de plus que Chaban, et Chaban se croit une grande carrière devant lui.

Je garde encore le silence. Nous nous regardons.

Il veut reprendre le développement de ses idées en me faisant part de son amitié.

Je l'arrête : – J'espère que votre amitié se reportera sur mes propres amis, mes collaborateurs. Je ne vous en demande pas plus.

Pompidou me regarde tout à fait surpris. Je me lève. Il se lève. Je me dirige vite vers la porte. Il m'accompagne vite aussi. Poignée de main.

– Au revoir, Michel.

– Au revoir, monsieur le Président.

Une visite de Pierre Juillet
30 mars 1973

Pierre Juillet est un homme auquel on prête toutes les influences et tous les pouvoirs. Collaborateur de Georges Pompidou depuis 1962, il est chargé de mission auprès du président de la République en 1969, officiellement responsable des chasses présidentielles. Celui que l'on surnomme « le père Joseph » joue en fait depuis le début du septennat, un rôle considérable. « [...] Il s'occupe prioritairement de tous les problèmes de politique politicienne, élabore la tactique électorale à suivre et jouit en la matière d'un crédit certain auprès du chef de l'Etat qui apprécie son bon sens, son efficacité, son indéniable intelligence. [...] [Il est] d'autant plus redoutable qu'il dispose d'un allié efficace en la personne de Marie-France Garaud, la jeune avocate que Pompidou a recrutée en 1967 [...][9]. » Le tandem Juillet-Garaud représente un pôle conservateur sur lequel vient buter l'ardeur réformatrice de Jacques Chaban-Delmas. Mais il symbolise aussi le maintien de la tradition gaulliste en s'opposant à toute dérive supranationale. Pierre Juillet, à lui seul, contrebalance les influences atlantistes ou fédéralistes à l'œuvre au sein du gouvernement. Si nous n'avons jamais été intimes, du moins ai-je toujours eu l'impression que Pierre Juillet était l'un des rares susceptibles de comprendre et de partager mes préoccupations. Le 8 mai 1972,

---

9. Eric Roussel, *Georges Pompidou, op. cit.,* p. 306.

je lui adresse cette lettre « strictement personnelle » où je lui écris notamment :

Mon cher ami,

L'objet de ma lettre est clair : je vous demande, après l'avoir lue, de la garder afin que nous puissions, vous et moi, si Dieu nous prête vie, la relire ensemble dans un an – soit le 8 mai 1973 – date anniversaire qui doit permettre de nous en souvenir.

A cette date, vous serez toujours à l'Elysée, mais il vous faudra trouver en vous-même des ressources nouvelles pour soutenir un président de la République dont les difficultés seront grandes et qui aura besoin, plus que jamais [...] auparavant, d'un collaborateur et d'un conseiller tel que vous. A cette même date, pour ce qui me concerne, je serai souvent en Touraine, essayant d'écrire autre chose que des *Mémoires,* allant à ma mairie d'Amboise quelques heures par semaine, et au demeurant essayant de trouver de nouvelles ressources pour soutenir le moral de la centaine de députés UDR que nous renverront les élections.

Vous me trouvez pessimiste ? Je me crois réaliste. [...]

Effectivement, je l'étais.

Quelques jours plus tard, Pierre Juillet me rend visite dans mon bureau au ministère de la Défense.

Pierre Juillet. – Le Président m'a parlé de votre conversation pendant une heure et demie. Il disait sans cesse : « Pauvre Michel, que pense-t-il ? » Sachez qu'il n'en a pas dormi.

Juillet ajoute :

– Il m'a chargé de vous dire qu'il y aura de nouveaux changements dans les trois années qui viennent. Il est bon pour vous de partir. Vous verrez. Vous êtes le seul homme d'Etat de la vie politique présente. Vous le savez bien.

Michel Debré. – Sur un sentiment intime du bien public, s'est greffée une expérience. Et dans cette expérience, une greffe particulière, les leçons du Général.

Pierre Juillet. – Alors je vous le dis, ou plutôt, c'est le Président qui vous le dit. Vous reprendrez une grande place au gouvernement, la première peut-être.

Je souris avec scepticisme, et mon sourire s'accroît quand Juillet me développe les raisons qui justifient que je prenne une occupation, une présidence de commission, pour que je ne reste pas « un député isolé ». Je lui dis pourquoi je ne peux accepter. Il me fait part de son prochain départ de la présidence. « Mon rôle est terminé », me dit-il[10].

10. Le 3 avril, dans son message au Parlement, Georges Pompidou annoncera un projet de révision de la Constitution visant à réduire la durée du mandat présidentiel à cinq ans. Peu favorable à l'idée du quinquennat, Pierre Juillet quitte l'Elysée, où il reviendra dès l'automne.

Malaise à l'UDR
10-15 mai 1973

L'une des principales nouveautés dans le système politique français de la Ve République est l'émergence, à partir de 1962, d'un parti dominant, le mouvement le plus important de la majorité et même, après le Parti Communiste, le seul parti à posséder un vaste électorat et un contingent appréciable de militants : il s'agit de l'Union pour la Nouvelle République (UNR) qui, après 1968, devient l'Union des Démocrates pour la République (UDR). Les récentes élections législatives affaiblissent l'UDR qui perd une centaine de sièges[1]. S'agit-il d'une érosion irréversible? Je veux croire que non. Afin d'enrayer ce déclin, il me paraît nécessaire d'entreprendre une vraie politique de redressement. Depuis la formation du deuxième gouvernement Messmer en avril dernier, la grogne des députés gaullistes ne cesse de s'amplifier : ils trouvent la part faite aux centristes trop belle et contestent la tutelle sourcilleuse de l'Elysée qui fait d'eux des « godillots » avalisant toutes les décisions du gouvernement. Alexandre Sanguinetti, l'un des secrétaires généraux adjoints de l'UDR, le dit publiquement : « L'UDR

---

1. Après les élections de juin 1968, à tous égards exceptionnelles, le groupe parlementaire de l'UDR comptait 293 députés et avait donc la majorité absolue. En 1973, le groupe parlementaire n'est plus que de 183 députés. Voir Jean Charlot, « L'Union des Démocrates pour la République sous Georges Pompidou», *La Présidence de la République de Georges Pompidou*, colloque de la FNSP des 24 et 25 novembre 1983, inédit.

a envie de retrouver plus de liberté dans la critique.» Pour reconquérir une identité et une marge de manœuvre, encore faudrait-il que l'UDR soit autonome par rapport au gouvernement. Or, son nouveau secrétaire général, Alain Peyrefitte, est désormais ministre chargé des Réformes administratives. Pour tout le monde, et pour l'intéressé au premier chef, cette situation ne peut durer. A la veille de la réunion du bureau exécutif, l'enjeu est grave: il faut un nouveau «patron» à l'UDR, quitte à bousculer le calendrier initialement prévu, le changement du secrétaire général devant avoir lieu lors des assises nationales du mouvement prévues à l'automne.

En 1968, André Fanton avait dressé le portrait-robot du secrétaire général idéal: «Avoir de l'autorité personnelle et un passé dans le mouvement sans être forcément pour cela un "ancien"; [...] disposer des qualités lui permettant tout à la fois d'organiser, de diriger et de représenter le mouvement; ne pas apparaître comme trop attaché à une tendance ou à une autre; avoir de bons rapports avec les militants, les responsables du mouvement, les groupes parlementaires. Observer une attitude telle qu'il n'apparaisse ni comme un rival, ni comme un représentant du gouvernement et du Premier ministre; il ne pourra y avoir "coïncidence" entre les fonctions gouvernementales et la direction du mouvement; le secrétaire général ne devra pas se considérer comme le seul dépositaire du pouvoir dans le mouvement, mais devra tenir le plus grand compte des décisions du bureau exécutif[2].» Albin Chalandon avait alors ironisé, assurant que c'était là le «portrait du héros stendhalien». Il me paraît toujours assez juste même s'il semble terriblement exigeant. «Ni rival, ni représentant du gouvernement», c'est dans cet esprit conforme aux institutions de la

---

2. « Le bureau exécutif de l'UD V^e a dessiné le "portait-robot" du secrétaire général idéal », *Le Monde*, 11 janvier 1968.

*Ve République que, cinq ans plus tard, libéré de toute respon-
sabilité gouvernementale, sollicité par des gaullistes influents
et par les militants, j'envisage, sans joie, de prendre tempo-
rairement le secrétariat général d'un mouvement en crise. Je
pense faire mon devoir, assumer une charge dont personne ne
veut. Ce n'est pas l'avis du Président.*

Conversations diverses, 10-14 mai 1973

Le jeudi 10 mai, j'avais évoqué, avec Messmer, la possibilité de mettre fin à l'énervement de l'UDR en prenant,
pour un an, le secrétariat général. Je lui avais bien précisé mon peu de goût pour le poste mais ne pas répondre
à toutes les pressions qui s'exerçaient pouvait être interprété comme une dérobade. C'était donc un devoir que
je devais envisager. Réponse en apparence enthousiaste
de Messmer : « C'est la solution, la seule solution. Je vais
le dire au président de la République pour que nous puissions en terminer rapidement. »

Coup de téléphone de Messmer le lendemain, m'expliquant que le président de la République n'a pas mal
accueilli la suggestion, qu'il a simplement demandé à
réfléchir et que je serai d'ailleurs prié de venir prochainement.

Le 12 au matin, visite de Peyrefitte avant d'aller à
l'Elysée. Il me remercie de ma décision.

Michel Debré. – Ce n'est pas encore une décision, c'est
simplement l'acceptation, en quelque sorte par conscience, d'une obligation qui m'est faite.

Alain Peyrefitte. – Je puis vous assurer que c'est la seule
solution. Il n'y en a pas d'autre pour l'UDR. Si vous ne
venez pas, le délabrement va continuer. Il est indispensable que vous preniez l'affaire et je vais, de ce pas,

m'entendre avec le président de la République. Je lui expliquerai à quel point l'UDR risque de s'effondrer si vous ne venez pas. Et tout le monde sera très sensible au fait que vous acceptiez un poste comme celui de secrétaire général.

Avant de partir pour Amboise, un coup de téléphone, au début de l'après-midi, m'apprend, incidemment, que Peyrefitte n'est pas revenu content de son entretien avec l'Elysée. Mais c'est deux jours plus tard, le 14 mai dans l'après-midi, par un coup de téléphone de Messmer sortant de l'Elysée, que je suis mis au courant de la réaction du président de la République. Le Premier ministre est positivement affolé, plus que préoccupé, ne comprend pas.

Michel Debré. – Calmez-vous. J'allais dans cette affaire contraint et forcé. Toute autre solution me verra soulagé pour ce qui me concerne.

Pierre Messmer. – Rentrez le soir même pour que nous puissions parler.

Michel Debré. – Je ne peux pas rentrer le soir même, mais je vous verrai le lendemain matin à la première heure, avant d'aller chez le président de la République.

Matignon, 9 h 30, le 15 mai 1973

Messmer me paraît calmé. Ses propos sont apparemment sincères :

– Je ne comprends pas ce qui s'est passé. J'avais présenté votre acceptation de principe comme une chance pour nous tous. Le président de la République me paraissait l'avoir bien compris ainsi et il envisageait simplement la meilleure procédure. Or, hier matin, j'ai vu un homme hors de lui, me disant qu'il était l'objet d'un complot, que ce complot ne visait rien de moins qu'à briser le régime à travers sa personne. Bref, il m'a dit aussi que si vous êtes désigné comme secrétaire général, il entend provoquer une crise politique majeure, ou dissoudre l'Assemblée nationale, ou lui-même donner sa démission de président de la République pour faire le pays juge.

Michel Debré. – Le président de la République parle sérieusement?

Pierre Messmer. – Je n'ai pas pu dire un mot. Samedi, il avait très mal traité Peyrefitte. Hier, il m'a moi-même très mal traité et je n'ai pu que rester silencieux.

Michel Debré. – Pour ce qui me concerne, je ne resterai pas silencieux. En toute hypothèse, je suis attristé pour l'UDR mais soulagé pour moi.

Sur ce, je vais perdre une heure et demie au bureau du groupe UDR à l'Assemblée.

Elysée, 12 heures, le 15 mai 1973

Avant de prendre la parole, je regarde un peu le président de la République et suis obligé de constater que son visage a encore changé. Il est extraordinairement bouffi et le regard est différent. Je prends la parole :

– Messmer m'a téléphoné après vous avoir parlé. Je vous dis tout de suite que ma première réaction est celle d'un profond soulagement.

Surprise du Président.

Michel Debré. – Les choses sont très simples. Je n'avais pas quitté le gouvernement depuis trois jours que l'on me proposait avec une très grande insistance, et dans des conditions qui ne pouvaient que me faire penser que vous aviez donné votre accord, de prendre le poste de secrétaire général. Je l'ai refusé malgré un coup de téléphone nocturne d'une personnalité fort importante, à la veille du bureau exécutif, et, pour bien marquer mon refus, je n'ai pas assisté à ce bureau exécutif[3]. Les jours ont passé. Moins de dix jours après ce bureau exécutif, de toutes parts, des membres de votre gouvernement, d'anciens membres du gouvernement, des hommes qui, à tous égards, vous sont proches, inquiets, préoccupés de l'avenir de l'UDR, m'ont fait une sorte de devoir de conscience de réviser ma position. Je ne parle pas des lettres reçues, je ne parle pas des visites que je n'ai pas acceptées, sauf une seule, je parle simplement des personnages proches de vous-même. Il y a eu un déjeuner à Matignon et, après ce déjeuner, quasiment tous les participants m'ont individuellement fait remarquer qu'aucune solution n'était bonne[4]. J'ai fait le bilan. J'ai vu la pagaïe présente à l'UDR, les problèmes de structure et d'hommes, les problèmes financiers, c'est-à-dire des questions fort délicates et qui ne sont peut-être pas tranchées comme il faudrait qu'elles le soient. J'ai vu la naissance et l'accentuation des clans. J'ai compris aussi que les militants étaient désorientés. Je me suis dit que, dans ces conditions, je n'avais peut-être pas le droit, pour une question de fonction, de rester sur une position de refus.

Je m'en suis ouvert à Messmer qui m'a dit aussitôt : « C'est la seule solution, l'UDR ne s'en sortira pas si vous

3. Le bureau exécutif qui s'est tenu le 11 avril 1973 a nommé aux côtés d'Alain Peyrefitte deux secrétaires généraux adjoints : Alexandre Sanguinetti et Jacques Sourdille. Lors de cette réunion, Alain Peyrefitte a clairement dit qu'il n'acceptait de demeurer à son poste que jusqu'aux assises de l'automne. Contrairement aux vœux de Jacques Chaban-Delmas, j'ai volontairement évité cette réunion en partant pour Tours en fin de matinée.
4. Le déjeuner à Matignon a eu lieu le 2 mai 1973. Selon mon agenda, il a réuni Pierre Messmer, Jacques Chaban-Delmas, Olivier Guichard, Jacques Foccart et Roger Frey.

ne venez pas, nous sommes dans une très mauvaise passe. » J'ai posé mes conditions : que ce soit pour un temps très bref; que, naturellement, cela soit fait en accord avec vous-même et le gouvernement. Je m'étais même donné à moi-même l'obligation de ne pas accepter l'indemnité qui est prévue pour ce secrétariat général afin de bien marquer le caractère particulier de ma mission. J'avais toutes raisons de penser que cette pression dont j'étais l'objet ne se faisait pas sans une sorte d'accord de votre part. Je dois même dire que, d'une manière très directe, il m'a été rapporté qu'un de vos collaborateurs avait dit que vous aviez été surpris du fait que je refuse. Cela dit, si ma nomination fait un drame, il faut immédiatement l'arrêter. Je vous le répète, je serai soulagé. Je me permets, sans ironie de ma part croyez-le bien, de vous parler d'une situation quelque peu paradoxale. Il m'a été dit, il y a quelques semaines, qu'une des raisons qui amenaient mon départ du gouvernement était ma soi-disant impopularité et, aujourd'hui, j'ai le sentiment que l'émotion provoquée par l'idée que je pourrais avoir une responsabilité à l'UDR vient de ce qu'on me reproche ma trop grande popularité parmi les militants.

Pompidou prend la parole. Je l'interromps d'ailleurs tout de suite, car il la prend sur un ton comme si ce que je venais de dire, il ne l'avait pas entendu. En effet, il évoque un complot.

Michel Debré. – Ne parlez pas de complot, et, je vous le répète, je suis soulagé. Je viens de vous le dire.

Il modifie aussitôt son ton.

Georges Pompidou. – Soit, vous ne faites pas partie d'un complot. J'ai toute confiance en vous, mais il y a quand même un complot, et ce complot est fait pour me désavouer. Quand j'ai quitté Matignon, en 1968, le Général m'a fait dire que je ne devais prendre aucune responsabilité, ni à la tête du groupe parlementaire, ni à la tête de l'UDR. Pour ce qui vous concerne, c'est la même chose. Votre départ a été un très grand événement. Il ne peut pas être suivi de votre retour à un poste de responsabilité. Ce serait un désaveu. D'ailleurs *Le Figaro* le dit ce matin[5].

Et, là-dessus, il me redit en propres termes ce qu'il a dit la veille à Messmer :

– Si vous deviez devenir secrétaire général de l'UDR, ce serait une très grave crise et je ne pourrais la résoudre que par la dissolution de l'Assemblée ou par ma démission pour provoquer une nouvelle élection présidentielle.

Un silence suit cette déclaration.

Michel Debré. – Georges, ne vous mettez pas dans cet état.

Georges Pompidou. – Je ne suis pas « dans un état ». Je vous dis que la crise serait très grave.

Michel Debré. – Le problème se pose en des termes que vous ne paraissez pas voir exactement. Il y a un malaise à l'UDR qui a besoin d'un leader. Vous ne pouvez pas être ce leader en raison de vos fonctions. Il se trouve qu'en dehors de moi, il n'y en a pas d'autres en ce moment. Chaban ne peut l'être présentement et Messmer ne le sera pas. Si vous estimez que l'UDR n'a pas besoin de leader, très bien, n'allons pas plus loin.

Georges Pompidou. – Je ne vous en veux pas d'être aimé par quelques militants... (Il se reprend.) D'être aimé par

5. Allusion à un article de Pierre Thibon, « Des fédérations UDR suggèrent la candidature de Michel Debré au secrétariat général du mouvement », *Le Figaro*, 15 mai 1973, dans lequel il est dit notamment : « Son [Michel Debré] départ du gouvernement a fait apparaître l'ancien Premier ministre comme une victime sacrifiée aux tendances centristes et aux Républicains Indépendants. Son élection comme secrétaire général de l'UDR serait par conséquent interprétée comme une espèce de déclaration de guerre à ces tendances, mais aussi comme un désaveu à l'égard de M. Pompidou qui a ordonné ce sacrifice. »

des milliers de militants, c'est tout à fait naturel. Mais je connais bien l'UDR, en fin de compte, c'est le parti radical. Ce qu'ils veulent, ce sont des places. Ils n'ont pas assez de places, alors ils grognent, et quand ils grognent, ils déclarent que je ne suis pas gaulliste. Or, je suis gaulliste. La preuve c'est que je maintiens les explosions nucléaires. Ni Poher ni Giscard ni Chaban, c'est-à-dire tous les personnages qui voudraient être président de la République, ne maintiendraient les expériences nucléaires. C'est bien la preuve. Alors, dans ces conditions, que me veut l'UDR? J'ai ma politique et, encore une fois, si vous étiez désigné, cela voudrait dire que l'UDR me conteste. Je n'aurais plus qu'à démissionner ou à dissoudre l'Assemblée nationale.

Michel Debré. – Pour la seconde fois, je vous recommande de ne pas vous mettre dans cet état.

Georges Pompidou. – Vous auriez pu être président de la Commission des finances. Naturellement, pas de la Commission des Affaires étrangères[6]. Si vous l'aviez voulu, j'aurais donné les instructions en conséquence. Vous avez voulu rester député de la Réunion, comme moi je suis resté député du Cantal.

Michel Debré. – Je vous rappelle que si je suis député de la Réunion alors que cette fois-ci j'aurais pu me présenter ou en Indre-et-Loire ou en Maine-et-Loire, c'est parce que vous avez estimé...

Georges Pompidou. – J'ai estimé que c'était l'intérêt de la Réunion.

Michel Debré. – Je pense que vous avez estimé que c'était l'intérêt de la France.

---

6. *Cela signifie que, dans le premier cas, j'aurais été anti-Giscard* [actuel ministre de l'Economie et des Finances] *tandis que dans le second j'aurais risqué d'être anti-Pompidou, par l'intermédiaire de Jobert* [actuel ministre des Affaires étrangères]. (Note de l'époque.)

Georges Pompidou. – C'est la même chose!

Michel Debré. – Je ne sais pas si je pourrai bien remplir ce mandat. Les affaires de la Réunion sont actuellement traitées par les services des Finances. C'est tout dire. On n'aboutit à rien... Pompidou m'interrompt : – Je le sais bien. En matière de prix du riz, ils viennent de prendre une position criminelle. J'ai dû leur dire que c'était le prix des légumes qui avait renversé le régime en Pologne.

Michel Debré. – Je vous remercie. Mais il y a bien d'autres problèmes.

Georges Pompidou. – J'ai confiance en vous, mais il y a un complot contre moi. Par exemple, on m'accuse d'avoir mis Baudoin à la place de Lefranc[7]. Eh bien, ce n'est pas vrai. C'est Messmer qui m'a proposé Baudoin. Et je regrette que Baudoin m'ait quitté. Je vois très bien comment les choses se passent. Il y a deux clans. Autour de moi, il y a le clan des sots, qui ne comprennent rien à la politique, et puis il y a le clan de ceux qui veulent m'imposer une solution. Alors vous êtes le symbole. Vous êtes un symbole. Pour les premiers, vous apparaissez comme un grand personnage politique – que vous êtes d'ailleurs – alors ils vont vers vous tout naturellement. Pour les autres, votre présence peut influer sur mon action...

Michel Debré. – Il ne faut pas voir les choses comme elles ne sont pas. Il y a, à l'intérieur et autour de l'UDR,

---

7. Denis Baudoin, centriste, responsable du service de presse et d'information de l'Elysée remplace Pierre Lefranc, ancien collaborateur du général de Gaulle, président de l'Association pour la fidélité au général de Gaulle, à la tête de la Société financière de radiodiffusion (Sofirad). *Le Monde* du 11 mai 1973 titre : « L'éviction de la Sofirad de M. Pierre Lefranc a une évidente signification politique. » *J'apprends le jour même que Lefranc avait été reçu il y a quelques jours par Messmer, qui l'avait assuré que son renouvellement était garanti. Ce n'est donc pas Messmer qui est à l'origine de la mutation de Lefranc.* (Note de l'époque.)

des hommes qui ont le sentiment que le régime, c'est-à-dire la fonction présidentielle elle-même, dépend de la force du mouvement. Or, ce mouvement est en perte de vitesse. Il y a par conséquent, dans cette orientation vers moi, une loyauté à l'égard de l'institution présidentielle et de vous-même.

Georges Pompidou. – Je sais bien que c'est ainsi que vous voyez les choses, mais ce n'est pas comme ça qu'elles sont... A propos – me dit-il d'un ton qui n'est pas convaincu –, je ne sais pas qui a pu vous dire qu'il y a quelques jours, j'ai exprimé ma surprise que vous ayez refusé le poste. Je n'ai pas dit cela... Je ne vous demande aucun nom.

Michel Debré. – Je ne vous donnerai aucun nom, mais je vous prie de me croire quand je vous dis qu'il me serait beaucoup plus difficile d'établir la liste de ceux qui ne m'ont pas parlé ou téléphoné que la liste de ceux qui ont insisté auprès de moi.

La conversation se termine par des paroles aimables, amicales même.

Georges Pompidou. – Vous êtes libre de faire ce que vous voulez. Si vous voulez parler, si vous voulez écrire, c'est votre affaire personnelle. Mais je crois qu'il vaut mieux que vous attendiez l'automne. Votre autorité en sera accrue. En tout cas, c'est ce que je pense. J'avais d'ailleurs l'idée de parler avec vous si cette malheureuse affaire n'était pas venue.

Paroles d'adieu. Et l'entretien se termine.

L'UDR, encore...
23 mai 1973

En toute hâte, à la veille du comité central de l'UDR qui doit avoir lieu le vendredi 25 mai, Pompidou demande au bureau du groupe parlementaire de venir déjeuner à l'Elysée.

Je suis assis à sa droite, Chaban[1] à sa gauche. Couve[2] est à la droite de Frey[3], qui est en face du Président.

Le début de la conversation porte sur Druon qui doit parler, l'après-midi même, à l'Assemblée, sur les problèmes culturels[4], et notamment l'usage qui est fait du droit de préemption – possibilité que j'ai donnée naguère aux héritiers de payer leurs droits de succession par une

---

1. Jacques Chaban-Delmas, ancien Premier ministre, maire de Bordeaux.
2. Maurice Couve de Murville, ancien Premier ministre, député.
3. Roger Frey, ancien ministre, président du groupe UDR à l'Assemblée.
4. Maurice Druon, l'un des auteurs du *Chant des partisans* et d'une série, *Les Rois maudits*, dont l'adaptation télévisée vient de remporter un franc succès, est le nouveau ministre des Affaires culturelles. Ses premières déclarations à la presse ont suscité de nombreuses et vives réactions : « Les gens qui viennent à la porte de ce ministère avec une sébile dans une main et un cocktail Molotov dans l'autre devront choisir. » Maurice Druon, qui prend pour la première fois la parole à l'Assemblée ce 23 mai, doit préciser ses positions sur la liberté de création et d'expression.

œuvre d'art, si celle-ci est acceptée par les Affaires culturelles[5].

Georges Pompidou. – Il faut respecter les artistes quand ils sont vivants, mais les traiter en contribuables quand ils sont morts.

La conversation s'engage ensuite, à la demande de Pompidou, sur l'état d'esprit de l'UDR.

C'est Vivien[6] qui prend la parole : – La grogne, les déceptions, les inquiétudes sont générales. Il ne s'agit pas d'attaques contre le président de la République. Il n'y a aucun complot, mais l'UDR a besoin de retrouver un souffle, une certitude.

Pompidou réplique aussitôt : – Je tiens à m'expliquer sur l'entrée de Poniatowski dans le gouvernement[7], sur

---

5. La loi sur la dation du 31 décembre 1968 m'a été inspirée par mon frère, le peintre Olivier Debré. Elle offre la possibilité à « l'acquéreur, le donataire ou légataire [d'] acquitter les droits de succession par la remise d'œuvres d'art, de livres, d'objets de collection ou de documents de haute valeur artistique ou historique ». Cette disposition, qui figure dans la loi de finances de 1969, sera votée après mon départ du ministère de l'Economie et des Finances, sous le gouvernement de Maurice Couve de Murville. Voir Michel Debré, *Mémoires*, t. IV : *Gouverner autrement 1962-1970, op. cit.,* p. 189.

6. Robert-André Vivien, député, président de la fédération UDR du Val-de-Marne.

7. Michel Poniatowski, ministre de la Santé et de la Sécurité sociale. Raymond Barillon écrit dans son article « L'Ordre pompidolien », *Le Monde,* 7 avril 1973 : « Dispensé de faire ses classes comme secrétaire d'Etat [...], le secrétaire général de la fédération nationale des Républicains Indépendants n'est pas invité à la table verte de l'Elysée pour que le plaisir lui soit plus souvent donné de rencontrer son vieil et fidèle ami Valéry Giscard d'Estaing. Sa nomination s'explique à la fois par le désir de mieux contrôler un leader [...] et par le souci de préparer ou plutôt de mener à son terme une opération politique. [...] L'honneur fait, deux jours après le retrait de Michel Debré, à celui qui [...], à maintes reprises, avait critiqué son action ne peut être interprété autrement que comme une nouvelle preuve des distances que prend M. Pompidou avec la Ve République première manière. »

mes paroles concernant Giscard[8] et sur le départ de Lefranc[9]. Je n'ai jamais entendu faire de Giscard mon successeur et quand je lui ai dit : « Vous êtes l'une des trois ou quatre personnalités d'envergure nationale », cette phrase n'a pas plu à l'intéressé qui aurait souhaité être le seul.

Après cet exposé, Sourdille[10] prend la parole. Il le fait calmement : – La fidélité de l'UDR au président de la République ne saurait être mise en cause mais la mauvaise humeur des militants est une réalité...

Pierre Mauger[11]. – Il n'y a pas de mauvaise humeur... Le silence des autres l'oblige à s'interrompre.

Jacques Sourdille. – On ne peut ignorer plus longtemps les incertitudes des militants mais je redis clairement que la personne du président de la République n'est pas en cause.

Il termine innocemment par une petite phrase qui va mettre le feu aux poudres. Il dit en effet :

– Il est vrai que les militants aiment Michel Debré.

C'est l'occasion pour Pompidou de faire une longue tirade sur moi-même.

Georges Pompidou. – L'amitié qui me lie à Michel Debré

8. Le 4 avril 1973, lors d'un déjeuner offert à l'Elysée en l'honneur des députés Républicains Indépendants, Georges Pompidou se tournant vers Giscard : « Je vous ai toujours dit, n'est-ce pas, que, si vous étiez UDR, vous auriez la bénédiction de tous les députés de ce groupe que vous fascinez quand vous leur parlez et qui, dès que vous avez le dos tourné, vous maudissent... Il faut que vous dépassiez ce cadre-là et que, tout en ayant vos amis autour de vous, vous apparaissiez comme une personnalité nationale. Et il n'y en a pas beaucoup : trois, peut-être quatre, c'est tout. » Cité *in* Anne Noury, Michel Louvois, *Le Combat singulier,* Denoël, 1980, p. 46. Ces propos sont interprétés comme une intronisation de Valéry Giscard d'Estaing en vue de l'élection présidentielle de 1976.
9. Voir « Malaise à l'UDR », p. 141, note 7.
10. *Ibid.,* p. 137, note 3.
11. Député de la Vendée.

est une amitié rare, comme on n'en a pas en politique. Mais étant donné ce que Michel Debré représente, le mettre à la tête de l'UDR eût été, comme a dit *Le Figaro*, un désaveu ou, comme a dit *Le Monde*, un camouflet[12]. Mon amitié et ma confiance sont acquises à Michel Debré mais il est bon parfois de prendre un peu de champ. A ce moment là, il évoque l'article que je viens de publier dans *Le Figaro*[13].

Michel Debré. – Il me paraît préférable d'écarter le problème personnel du débat d'aujourd'hui. Je crois pouvoir analyser le malaise de l'UDR par les deux réflexions suivantes. L'UDR souffre de ce que les qualités du mouvement ne paraissent pas être reconnues. Les dirigeants sont restés solidaires et loyaux. Les militants sont restés nombreux et unis. Ils ont beaucoup travaillé et, à

12. Voir Pierre Thibon, « Des fédérations UDR suggèrent la candidature de Michel Debré au secrétariat général du mouvement », *art. cité*, p. 139, note 5, et André Passeron, « L'UDR est à la recherche d'un "patron" », *Le Monde*, 16 mai 1973 : « Son succès éventuel [à Michel Debré] ne manquerait pas non plus d'être interprété comme un camouflet à l'actuel chef de l'Etat. D'autant plus que son accession au secrétariat général – ou à la "présidence" de l'UDR – s'accompagnerait d'un soutien à M. Jacques Chaban-Delmas dans son projet de se présenter à la présidence de la République si M. Pompidou décidait de ne pas solliciter un nouveau mandat. »

13. Michel Debré, « Le Jeu des partis », *Le Figaro*, 23 mai 1973. La Vᵉ République, instaurant une fonction présidentielle indépendante, a permis à la France de rompre avec une longue tradition de régime d'Assemblée, où les partis politiques finissaient par détenir un pouvoir exorbitant. Dans ce nouveau cadre institutionnel et politique, l'UDR doit « s'efforcer de montrer [...] la ligne à suivre c'est-à-dire le respect des responsabilités déterminées par la Constitution ». Ces déclarations ne pouvaient que recevoir l'approbation de Georges Pompidou ayant récemment prononcé, à l'issue d'un Conseil des ministres, une « petite phrase » qui fit couler beaucoup d'encre : « Je suis là pour empêcher le régime des partis et je l'empêcherai. » En revanche, dans le même article, j'insiste sur la nécessité de revenir à des pratiques plus démocratiques : « La démocratie interne d'une formation politique ou interne à la majorité peut contribuer à exposer tout problème sans altérer le fonctionnement des institutions. »

bien des égards, ils ont été les seuls parfois à travailler. Moyennant quoi, on paraît mettre sur le pavois les Indépendants, les centristes... La balance des honneurs et des éloges leur paraît inéquitable. Les militants ont l'impression que l'UDR n'est pas représentée comme il convient. Quand il y a une réunion socialiste dans leur département, c'est Mitterrand[14] qui vient. Quand il y a une réunion communiste, c'est Marchais[15]. Quand il y a une réunion d'Indépendants, c'est Giscard[16]. Quand il y a une réunion UDR, ce n'est naturellement pas le président de la République, ce n'est naturellement pas le Premier ministre. Or, je me suis toujours efforcé de les voir moi-même pendant les sept ans où j'ai été ministre, et même avant, quand j'étais Premier ministre...

Georges Pompidou. – C'est le Premier ministre qui devrait le faire.

Tiberi[17], après un silence, prend la parole : – Je confirme ce que Michel Debré vient de dire. Les militants UDR ont besoin d'avoir confiance en ceux qui dirigent le mouvement...

Georges Pompidou. – C'est en moi qu'ils doivent avoir confiance, parce que, de tous, je suis celui dont le gaullisme est le moins discutable. L'histoire du mouvement gaulliste ne compte plus les défections : ceux qui ont été ministres sous la IVe République, de Laniel à Mendès

14. François Mitterrand est depuis 1971 premier secrétaire du Parti Socialiste.
15. Georges Marchais, secrétaire général du Parti Communiste français.
16. Valéry Giscard d'Estaing, ministre de l'Economie et des Finances, président de la fédération nationale des Républicains Indépendants (mandat auquel il vient de renoncer à cause de ses responsabilités gouvernementales).
17. Jean Tiberi, député du Ve arrondissement de Paris.

France[18] – ceci est pour Chaban[19], son voisin de gauche. Ceux qui ont été fonctionnaires d'un autre régime – ceci est pour Couve de Murville[20]. Et même – à mi-voix – parlementaires – ceci est pour moi[21]. Personnellement, je n'ai jamais rien été, sauf à partir du moment où le général de Gaulle est revenu au pouvoir. D'ailleurs, quand le général de Gaulle a voulu traiter avec les Algériens, c'est moi qu'il a envoyé[22] « car, disait-il, tout le monde sait que Pompidou c'est de Gaulle ». Si les expériences nucléaires

18. Joseph Laniel (Centre National des Indépendants et Paysans, droite modérée) et Pierre Mendès France (radical) ont été présidents du Conseil sous la IVe République. C'est dans le gouvernement Laniel, constitué à l'été 1953, que, pour la première fois, des membres du Rassemblement du Peuple Français, auxquels le général de Gaulle avait rendu leur liberté le 6 mai 1953, entrent au gouvernement, vont « à la soupe » comme aurait dit le Général. D'anciens RPF, rebaptisés Républicains sociaux, seront également présents dans le gouvernement Mendès France (18 juin 1954-6 février 1955).

19. Jacques Chaban-Delmas a été ministre des Travaux publics dans le cabinet de Pierre Mendès France (1954-1955), ministre d'Etat dans le cabinet Guy Mollet (1956-1957) et ministre de la Défense nationale dans le cabinet Félix Gaillard (1957-1958).

20. Maurice Couve de Murville a été directeur des Finances extérieures et des changes sous le gouvernement de Vichy d'août 1940 à février 1943, date à laquelle il part pour Alger où il rejoint les rangs des fidèles du général Giraud, avant de devenir le premier Commissaire aux finances du Comité Français de Libération Nationale, de juin à novembre 1943. Maurice Couve de Murville a été révoqué par le gouvernement de Vichy. Voir Michel Margairaz, *L'Etat, les finances et l'économie. Histoire d'une conversion 1932-1952*, t. II, Comité pour l'histoire économique et financière de la France, Imprimerie nationale, 1991, pp. 773-774.

21. J'ai été sénateur d'Indre-et-Loire de 1948 à 1958. Voir Michel Debré, *Trois Républiques pour une France*, t. II : *1946-1958*, Albin Michel, 1988, pp. 119-131.

22. Georges Pompidou a été chargé par le général de Gaulle de renouer les relations avec le Gouvernement Provisoire de la République Algérienne après le succès du référendum par lequel les Français ont largement approuvé la politique d'autodétermination en Algérie (8 janvier 1961). Ces négociations ont débuté, dans le plus grand secret, en Suisse, le 20 février 1961. Elles ont achoppé sur le problème du maintien de la souveraineté française sur le Sahara, le 13 juin 1961.

sont maintenues, à qui le doit-on ? si ce n'est à moi. D'autres, même gaullistes – il se tourne vers Chaban – auraient-ils maintenu la position comme je l'ai fait ?

Nouveau silence après cette tirade.

L'abbé Laudrin[23]. – Le désir des militants est clairement d'être plus proches du pouvoir puisque c'est le pouvoir qui les dirige...

Pompidou l'interrompt : – Vous en voulez à Marcellin[24] parce qu'il interdit aux ministres de venir dans son département.

Il se tourne vers Roger Frey, président du groupe :
– Que pensez-vous du groupe parlementaire ?

Roger Frey. – Je suis frappé par l'absentéisme, la lassitude, la difficulté à diriger le groupe...

Georges Pompidou. – Faites-vous preuve d'autorité ?

Michel Debré. – L'absentéisme et la lassitude viennent en partie d'un phénomène analogue à celui qui crée le malaise du mouvement. On réunit les députés pour leur parler de textes qu'ils sont décidés, pour leur quasi-totalité, à voter à l'avance mais on ne leur parle pas de la politique à moyen terme. On ne les élève pas au-dessus d'eux-mêmes.

J'évoque la réunion de la veille.

Georges Pompidou. – Je parle plus que le général de Gaulle. Je m'efforce d'expliquer et d'informer plus que je ne devrais. Ce n'est pas ma faute si le Premier ministre, les ministres n'aiguillonnent pas assez le mouvement, les parlementaires, l'opinion. Messmer est un « homme de dossiers ». Il n'a pas vu un seul journaliste depuis six mois ou, en tout cas, n'en invite jamais à déjeuner.

---

23. Député du Morbihan.
24. Raymond Marcellin, élu du Morbihan, ministre de l'Intérieur.

Jacques Sourdille. – Michel Debré a raison. Concernant la politique à moyen terme, il faut que des explications en matière fiscale, en matière économique, par exemple, soient fournies aux députés.

Georges Pompidou. – Je dois voir Giscard d'Estaing cet après-midi, à la veille du discours qu'il doit faire à l'Assemblée nationale mais, vous savez, je ne suis pas sûr qu'il me dira tout. Il me dira peut-être simplement la moitié de ce qu'il veut dire.

Ce propos provoque une certaine gêne autour de la table.

Frey prend la parole pour parler du vote personnel voulu par Edgar Faure[25].

Michel Debré. – Le principal problème n'est pas la forme du vote, mais les orientations que le gouvernement doit donner afin d'éviter des prises de position. Par exemple, l'abaissement de la limite d'âge. Chacun se lance dans cette affaire, mais a-t-on pesé les conséquences de cet abaissement pour les élections présidentielles ? Ne faut-il pas commencer, comme l'ont fait certains pays, par abaisser la limite d'âge pour les élections municipales[26] ?

Frey, Chaban-Delmas – qui n'a rien dit jusqu'à présent –, Couve de Murville – qui n'a pas non plus ouvert

25. La veille, lors de l'examen d'un texte réformant le droit de licenciement, Edgar Faure, le nouveau président UDR de l'Assemblée nationale, a décidé d'appliquer strictement le règlement de l'Assemblée dont l'article 62 précise : « Le vote des députés est personnel. » Malgré l'émotion provoquée par cette décision chez les parlementaires, n'ont voté que les députés présents et ceux qui avaient pris soin de laisser une délégation en bonne et due forme, et non la clé de leur boîtier de vote électronique à un parlementaire ami.

26. Dans son discours-programme prononcé à Provins le 7 janvier 1973, le Premier ministre, Pierre Messmer, avait proposé d'attribuer aux jeunes Français le droit de vote à partir de 19 ans. Voir *supra*, « En relisant nos lettres », p. 67, note 46.

la bouche – déclarent tous que le mouvement est maintenant irréversible.

Pompidou les interrompt : – En ce qui me concerne, je suis plus que réservé. L'affaire ne me paraît pas avoir été étudiée. Messmer est allé trop loin dans le programme de Provins et a dit des choses trop précises. L'abaissement de la limite d'âge me paraît prématuré.

Michel Debré. – C'est une affaire gouvernementale et même présidentielle, mais il faut savoir, sinon nous serons emportés, ce qui est peut-être une bonne chose, mais peut-être aurait-il fallu un examen préalable plus approfondi.

Pompidou parle ensuite des prochaines élections présidentielles qui doivent avoir lieu en 1976, dit quelques mots sur le mandat de cinq ans[27], redit qu'il compte sur le groupe.

Le déjeuner se termine. Il aura duré une heure et demie.

Réflexions dans l'après-midi

Les uns sont frappés par les critiques adressées à Messmer, à Giscard[28]. D'autres par le sentiment que donne Georges Pompidou d'être entouré de gens qui dou-

27. Dans son message au Parlement, le 3 avril 1973, Georges Pompidou, à la surprise générale, propose une révision de la Constitution par la voie parlementaire visant à réduire le terme du mandat présidentiel de sept à cinq ans.

28. Je n'ai pas noté une diatribe de Pompidou contre Giscard relevée par Chaban : « On me dit "Giscard est intelligent ! Giscard est capable ! Giscard est habile !" On me dit : "Giscard est jeune !" » Un temps. Chacun retenait son souffle. Puis : « Et Chaban ? » Un silence tendu pesait sur les convives. Pour rompre les chiens, je lançai, en m'efforçant à sourire : « Sur l'état civil, je suis battu en effet. Mais sur cent mètres, ce serait peut-être autre chose. » Personne n'eut seulement l'ombre d'un sourire », *in* Jacques Chaban-Delmas, *L'Ardeur, op. cit.*, p. 439.

tent de lui. L'aspect physique, notamment du visage, a frappé la plupart. Le communiqué publié plus tard par Sourdille, à l'invitation sans doute de l'Elysée, provoque un malaise[29].

29. Texte du communiqué publié dans *Le Figaro* du 24 mai 1973 : « Nous avons abordé au cours de ce déjeuner les grands problèmes de l'UDR qui se sont avérés des problèmes plus minces qu'on ne le dit généralement car il reste entre nous d'abord une unité absolue et une amitié profonde. » Interrogé sur la possibilité d'accession de Michel Debré au secrétariat général de l'UDR, Jacques Sourdille indique que ce problème n'a pas été soulevé, soulignant que Michel Debré « comprend parfaitement quelle est la situation de ce parti qui est là pour permettre au président de la République de ne pas être soumis aux autres partis et à leur jeu ».

La santé du Président
5 et 7 juin 1973

Mon Père, le professeur Robert Debré, diagnostique, dès 1969, le mal dont souffre Georges Pompidou : la maladie de Waldenström, une forme de leucémie au caractère inéluctable mais au processus beaucoup plus lent. Personne n'en parle à ce moment-là, et le principal intéressé n'est probablement pas lui-même au courant. Des bruits commencent à courir trois ans plus tard. J'ai fait précédemment allusion aux conjectures que suscite la progression de plus en plus visible de la maladie : placé sous cortisone, le Président voit son aspect physique évoluer rapidement. Le visage s'alourdit, la démarche est moins assurée. En ce printemps 1973, lors de son voyage à Reykjavik les 31 mai et 1er juin pour des entretiens avec le président Nixon, le doute n'est plus permis : le Président est gravement malade. En dépit des interrogations, des demandes d'information des parlementaires et des journalistes, l'Elysée défend la thèse de la « grippe à rechutes ». C'est ce mal bénin qui est évoqué, le 5 juin, lorsque est rendue publique la réduction des activités de représentation du chef de l'Etat. La maladie que Georges Pompidou affrontait avec un rare courage ne pouvait être seulement une affaire privée. Touchant le président de la République, elle engageait à brève échéance le destin de la Nation.

L'objet de la conversation que je dois avoir avec Messmer concerne la santé de Pompidou. Pourquoi ? Outre les bruits qui ne cessent de courir depuis plusieurs semaines, Comiti[1] a estimé indispensable de prévenir Messmer de la gravité du diagnostic qu'il faisait lui-même. Par ailleurs, une indiscrétion commise par le secrétariat médical d'un des médecins du Président aurait orienté Giscard vers une accélération de sa campagne électorale.

C'est dans ces conditions que des médecins soucieux que le Premier ministre ne soit pas dans l'ignorance, ont demandé, directement ou par l'intermédiaire de mon père, à me faire un bref compte rendu de ce qu'ils pensaient. Mon Père lui-même me parle du diagnostic des médecins soignants, l'analyse, en apprécie la valeur, me raconte sa conversation à ce sujet avec le professeur Jean Bernard, évalue les chances de guérison, développe les conséquences physiques et psychiques du traitement à la cortisone.

Après réflexion, je décide de parler de cette affaire non seulement à Messmer – comme on me l'a demandé – mais également à Couve et à Guichard[2].

Réaction de Maurice Couve de Murville, le 5 juin 1973

Couve à qui, auparavant, répondant d'ailleurs à une question précise de sa part, je fais un tableau analogue, émet peu de réflexions, sinon celle-ci :

– En aucun cas, je ne voterai pour Giscard d'Estaing. Je me demande même s'il ne faudra pas que je prenne

---

1. Joseph Comiti, ministre chargé des Relations avec le Parlement, porte-parole du gouvernement.
2. Olivier Guichard, ministre de l'Aménagement du territoire, de l'Equipement, du Logement et du Tourisme.

position contre lui. Son attitude en ce qui concerne les problèmes monétaires me paraît abjecte. Chaban? pourquoi pas? Mais je me demande si, au dernier moment, Chaban n'abandonnera pas.

Réaction de Pierre Messmer, le 7 juin 1973 à 15 heures

Pierre Messmer. – Comiti est venu me trouver. Il est très pessimiste. Le voyage en Chine va être une épreuve de vérité[3]. Le Président pourra-t-il le faire? S'il le fait, en reviendra-t-il très fatigué? Selon les réponses à ces questions, nous y verrons plus clair. En attendant, il est vrai, le Président n'est pas dans son état normal. J'ai noté son agressivité, notamment à l'égard de Giscard, dans un récent comité. Pour les questions de personnes, tantôt il s'entête et ne veut rien savoir; tantôt il cède à ce que je lui demande alors que je m'attendais à une résistance, voire à un refus. Dans les deux cas, je suis gêné.

Messmer, comme toujours imperturbable, évoque alors la suite. Il me parle de Chaban et me confirme les bruits qui courent selon lesquels Giscard et Poniatowski auraient des dossiers. La menace de leur publication amènerait Chaban à retirer sa candidature, comme il l'a fait pour l'Assemblée nationale[4].

Messmer ajoute : – Je vais me renseigner. Il faut tirer cette affaire au clair. De votre côté, pouvez-vous interro-

3. Georges Pompidou se rendra en Chine du 11 au 17 septembre 1973.
4. Alors que Jacques Chaban-Delmas apparaissait comme le candidat le mieux placé pour être élu président de l'Assemblée nationale, le 23 mars 1973, il a annoncé, à la surprise générale, le retrait de sa candidature pour des raisons jamais clairement explicitées. C'est Edgar Faure qui a été élu. Voir Patrick et Philippe Chastenet, *Chaban, op. cit.*, p. 448.

ger Chaban ? Si Chaban ne peut pas partir, il faudra que
vous partiez.

Je ne lui réponds pas.

Pierre Messmer. – Je n'en vois pas d'autre.

Je ne réponds pas.

Réaction d'Olivier Guichard, le 7 juin 1973 à 19 heures

Guichard est surtout frappé par les attitudes contra-
dictoires de Pompidou : – Il n'est plus dans son état normal. Il dit ceci un jour et le contraire le lendemain. Plus
personne ne peut penser savoir ce que veut le Président.
Cette situation tend à devenir intolérable. D'autre part,
doit-on analyser le comportement de Pompidou comme
une volonté systématique de casser l'UDR ? Dans l'affir-
mative, pour quelle raison et en vue de quoi ?

Guichard me parle aussi de Chaban. Il faudrait interroger Arpaillange[5]. Messmer devrait avoir les moyens de
savoir. En renonçant à la présidence de l'Assemblée,
Chaban a montré sa faiblesse.

– Il faut que vous parliez à Chaban, me dit Guichard.

J'aurais aimé réunir les trois hommes, mais l'affaire
paraît impossible. Aucun d'eux ne parle bien librement
devant les autres.

---

5. Pierre Arpaillange, directeur des affaires criminelles et des grâces
au ministère de la Justice.

La santé du Président (suite)
3 juillet 1973

Dîner en tête à tête avec Messmer à l'hôtel Matignon. Une vingtaine de minutes sont consacrées à la Réunion, au voyage de Stasi[1]. Je constate, une fois de plus, que Messmer regarde les dossiers l'un après l'autre avec objectivité, mais sans vue d'ensemble.

Pierre Messmer. – A propos de Stasi et de sa déclaration sur le franc CFA, j'ai dû récemment lui envoyer une lettre « à cheval », car il s'était publiquement désolidarisé de Maurice Druon.

Michel Debré. – Je voudrais évoquer devant vous des problèmes dont on ne parle jamais : la migration, les investissements, la pêche.

Messmer me récite la lettre qu'il a signée à mon intention le matin même au sujet de certains problèmes précis que je lui avais exposés.

Pierre Messmer. – Sous le sceau du secret, je tenais à vous informer des propositions faites par le Premier ministre de l'île Maurice : donner à bail à la France une partie de la baie de Mahébourg.

Michel Debré. – Je vous recommande de donner une réponse de principe favorable. Il n'y a pas, en ce domaine,

---

1. Bernard Stasi (Centre Démocratie et Progrès), ministre des Départements et Territoires d'Outre-Mer.

de susceptibilité réunionnaise à prendre en considération. Il y a l'intérêt de la France et prendre place militairement à Maurice peut provoquer, chez les Malgaches, à propos de Diégo-Suarez, une crainte salutaire.

Pierre Messmer. – J'enregistre avec plaisir votre prise de position.

Il paraît surpris quand je lui dis que je fais mon affaire d'une éventuelle susceptibilité réunionnaise.

Michel Debré. – Le problème est l'intérêt de la France, et aucun autre.

Vers le milieu du repas, arrive le sujet qui a incité Messmer à m'inviter ce soir. Il m'expose ses préoccupations quant à l'état de santé du président de la République :

– Il a passé une meilleure période, mais, sous réserve de réflexes issus d'une susceptibilité ombrageuse, j'ai l'impression qu'il se fatigue vite et surtout qu'il ne prend plus de décisions. Ainsi, pour le budget militaire, il m'a dit : « Décidez vous-même. Vous savez ce que je pense de cette affaire ! » Le voyage en Chine, vers la mi-septembre, sera une épreuve de vérité. Il s'agit d'un voyage fatigant[2].

Michel Debré. – J'ai en effet vu Chaban aussitôt après son retour de Chine[3] et la conversation a été grave. Je lui ai d'abord fait reproche de laisser entendre qu'il pourrait s'accorder avec Giscard, lui, Chaban, à l'Elysée, et Giscard à Matignon...

Pierre Messmer. – C'est en effet ce qu'il a dit à diverses reprises devant les journalistes.

Michel Debré. – C'est bien ce que j'avais appris. J'ai dit à Chaban à quel point ses propos étaient à la fois légers,

2. Voir « La santé du président », p. 155, note 3.
3. Chaban est allé en Chine du 1ᵉʳ au 15 juin 1973. Dès octobre 1972, Georges Pompidou l'aurait incité à se rendre à l'étranger pour renforcer son image extérieure. Voir Jacques Chaban-Delmas, *L'Ardeur, op. cit.*, p. 301.

3 juillet 1973 • 159

condamnables et inamicaux. Il ne fallait pas qu'il pense que tous ses amis le soutiendraient éventuellement pour voir arriver un adversaire à Matignon.

Pierre Messmer. – Qu'a-t-il répondu ?

Michel Debré. – Chaban s'est défendu d'avoir tenu de tels propos. Il a téléphoné à certains journalistes pour leur expliquer qu'ils avaient mal compris. J'ai également parlé à Chaban de ses problèmes personnels. Il m'a affirmé vouloir, avec une hâte fébrile, que se déroule la procédure en cours, car les avocats de l'inculpé sont les premiers à reconnaître qu'il n'y a aucun reproche à lui faire, à lui Chaban[4].

J'évoque alors les propos tenus par Giscard et Poniatowski, propos qui ont été volontiers répétés au cours des semaines passées et selon lesquels certains documents leur permettraient de penser que Chaban se retirerait de la course par crainte de certaines publications.

– Chaban s'est alors fortement récrié qu'il ne pouvait s'agir que de manœuvres d'intimidation sans aucun fondement, se reportant une nouvelle fois aux affirmations des avocats de l'inculpé, mais ne répondant pas à l'hypothèse de dossiers tout à fait différents.

Pierre Messmer. – Alors, dans ces conditions, Chaban partira s'il y a élection présidentielle, et nous aurons à le soutenir fortement car Giscard, dans cette hypothèse, se présentera contre lui.

Messmer revient par la suite sur cette observation :

– Si Chaban se présente, Giscard se présente aussi. Dans ces conditions, qui sera en tête ?

Michel Debré. – Dans la situation présente, c'est Chaban qui vient en tête.

Pierre Messmer. – Mais il est bien clair qu'une campagne touchant Chaban à un point sensible pourrait modifier

4. Allusion à l'affaire Dega, voir « Les affaires », pp. 88-94.

sérieusement les données du problème et alors, entre Mitterrand et Giscard, au second tour, c'est Mitterrand qui peut passer.

Nous parlons alors des réactions des militants gaullistes à l'égard d'une candidature de Giscard et nous tombons d'accord, Messmer et moi, sur le fait que l'opposition à Giscard paraît définitive. Les gaullistes n'iront pas voter au deuxième tour.

Silence.

Pierre Messmer. – Il est sans doute très difficile de trouver un candidat qui puisse éviter que Giscard se présente.

Michel Debré. – En effet, il n'y a guère que vous et moi.

Pierre Messmer. – Pour ce qui vous concerne, comme pour ce qui me concerne, au départ nous avons moins de chances que Chaban qui reste très populaire et, dans ces conditions, je ne vois pas comment on peut éviter la difficulté majeure que nous venons d'évoquer.

Après un silence, il évoque la possibilité d'un arbitrage de Pompidou, si celui-ci s'estime en mesure de pouvoir régler la suite.

Michel Debré. – Cet arbitrage pourrait alors jouer en faveur du Premier ministre que vous êtes, en raison de la fonction que vous exercez.

Il ne dit pas non. Revient un peu plus tard sur cette idée. Nous n'en disons pas plus et j'ai bien le sentiment que c'est désormais la pensée qui le travaille.

La fin de la conversation porte sur les questions relatives à l'UDR – il est pour Fanton et contre Sanguinetti[5] –, sur l'inflation – il trouve Giscard très mou, mais lui-même... Il me parle des arbitrages budgétaires, se félicite

---

5. L'élection du nouveau secrétaire général de l'UDR est fixée au 6 octobre prochain. Deux candidats sont en lice : Alexandre Sanguinetti, actuel secrétaire général adjoint du mouvement et André Fanton.

de les régler avec le secrétaire d'Etat à l'Economie et aux Finances, Jean-Philippe Lecat, et le directeur de cabinet, Jacques Calvet, sous prétexte que Giscard ne connaît pas bien ses dossiers. Ce contentement dissimule le fait que Giscard ne daigne même plus venir aux arbitrages. Encore un mot sur l'inflation, dont il parle comme d'un phéno-mène extérieur à l'égard duquel il n'a pas de responsabi-lité. Je lui parle de l'article auquel je pense à ce sujet. Il m'écoute avec attention et ajoute :

– Il devient bon de secouer Giscard...

La conversation, commencée peu après 20 h 15, est close aux alentours de 21 h 45.

Nous ne sommes pas sérieux...
13 juillet 1973

Depuis mon départ du gouvernement en mars dernier, je suis resté silencieux, ou presque. Je sors de ma réserve en publiant le 10 juillet dans le quotidien de l'UDR, La Nation, *un article, « N'attendons plus », très critique à l'égard de la politique économique et financière du gouvernement, donc de son principal responsable, Valéry Giscard d'Estaing. Depuis février dernier, nous traversons une grave crise monétaire, marquée par la dévaluation de 10 % du dollar. Je m'en inquiète et j'écris : « La hausse des prix dépasse tout ce qu'a connu la Ve République. La France est entrée modérément d'abord, puis selon un rythme sans cesse plus rapide, dans l'inflation caractérisée. S'il est intéressant, à ce sujet, de lire les excellentes études qui sont publiées, il est moins réconfortant de relire les prophéties apaisantes émises depuis quatre ans et régulièrement démenties. [...] L'austérité budgétaire, remède trop classique des financiers, est un artifice. Le recours aux seules mesures monétaires est insuffisant et, par son insuffisance, reflète l'absence de volonté de lutte contre l'inflation, qui ne peut être que globale. » Au-delà du ministre – que je ne nomme pas du reste –, certains commentateurs estiment que le Premier ministre et le Président, qui « laissent faire », sont également visés. Rien ne laissait présager une telle tempête politique en pleine période estivale. Le mythe d'une UDR monolithique vole en éclats.* La Nation, *dans son éditorial du lendemain, « Le Droit à la personnalité », tente de faire coexister des points de vue oppo-*

sés : « Il n'y a pas divergence mais complémentarité, et, dans bien des cas, encouragement. Dans une voiture, la direction et le moteur ont des rôles différents, mais on ne voit pas comment la voiture roulerait s'il n'y avait pas l'un et l'autre. » Dans un pays qui commence à être touché par la crise économique, se dessine alors une alternative politique. Le jour où mon article est publié dans La Nation, *François Mitterrand – qui vient d'être largement réélu premier secrétaire du Parti Socialiste – écrit au Premier ministre et lance un appel à l'indépendance nationale, demandant que la France ne participe pas aux négociations du GATT qui s'ouvriront à Tokyo le 12 septembre prochain. Il se trouve que je suis également contre toute modification de nos tarifs extérieurs aussi longtemps que la stabilité monétaire internationale n'a pas été restaurée. Le Parti Socialiste, désireux de prendre ses distances avec son encombrant allié politique, le Parti Communiste, envisagerait-il de pratiquer « l'union sacrée » ?*

En cette veille de 14 juillet, dans un Paris assoupi par la chaleur et les vacances, je me rends à l'Elysée pour un déjeuner en tête à tête avec Georges Pompidou.

Je suis accueilli par le maître d'hôtel qui, après les salutations d'usage, enchaîne : – La santé, c'est l'essentiel. Les vacances ? J'accroche la maison derrière la voiture et j'irai où il fera beau...

Dans les salons sont accrochés de nouveaux tableaux non figuratifs. Un arbre décoratif d'un artiste dont je comprends mal le nom et dont il me sera dit tout à l'heure qu'il a été révélé par l'exposition Pompidou[1]. (Je retiens

---

1. C'est à l'initiative du président de la République que s'est tenue, au Grand Palais, de mai à septembre 1972, la première exposition rétrospective d'art contemporain en France : *12 ans d'art contemporain*. Cette exposition qui voulait faire comprendre l'esprit des démarches nouvelles a suscité, tant sur le plan politique qu'artistique, de multiples controverses.

l'idée pour une décoration de la future aile nouvelle de l'hôpital d'Amboise.)

Arrive sur la pointe des pieds Marie-France Garaud :

– Juillet est en Creuse. Il s'y enfonce dans le sol.

Il n'a donc pas pu répondre à la lettre que je lui ai adressée et qu'elle lui a fait suivre[2]. « Rendez-vous pour la rentrée. » Elle se retire.

Michel Debré. – Un mot...

Marie-France Garaud. – Je préfère que le Président ne me voie pas avec vous. Je vous ai guetté.

Michel Debré. – Un mot, vous dis-je. N'insistez pas auprès de Peyrefitte pour qu'il garde le secrétariat général de l'UDR.

Marie-France Garaud. – Jamais de la vie.

Michel Debré. – Vraiment ?

Marie-France Garaud. – Je vous l'assure.

Michel Debré. – Alors c'est bien.

Exit. Guichard, me parlant d'elle avant-hier, m'a dit le contraire. En tout cas la voici avertie.

Jus de tomates. Puis Georges, la démarche un peu lourde, le visage bouffi...

Un mot des tableaux. Deux mots de la famille.

– Je n'ai pas encore lu *Le Figaro*[3], me dit-il.

Michel Debré. – Lisez-le tout à l'heure. Trois articles bien différents, mais tous trois d'une même veine républicaine...

---

2. Allusion à ma lettre du 4 juillet 1973 : « Mon cher ami, Je vous ai écrit le 8 mai 1972 une lettre en vous demandant de la garder afin que nous puissions la relire ensemble le 8 mai 1973. J'ai laissé passer cet anniversaire, mais je vous conseille cependant de relire cette lettre. Amitiés. Michel Debré. » Voir cette lettre du 8 mai 1972 partiellement reproduite *supra in* « Une visite de Pierre Juillet », p. 130.

3. Dans *Le Figaro* daté du 13 juillet, sous le titre «A chacun son 14 juillet... », trois articles signés de mon Père, Robert Debré, de mon fils, François, et de moi-même concernant le 14 juillet.

Georges Pompidou. – Ah oui ! mais que veut dire républicain ? Quand les socialistes disent « jeunes républicains », ils ont des arrière-pensées...

Michel Debré. – Ce n'est pas dans ce sens-là que j'emploie le mot républicain.

Conversation sur les enfants des enfants.

Georges Pompidou. – Mon nouveau petit-fils s'appelle Yannick. Personne ne m'a demandé mon avis ! Récemment, un préfet de Bretagne m'a dit que la mode des prénoms bretons passerait vite. Je le crois aussi. [...] Comment s'appelle l'enfant de François, celui de Jean-Louis ?

Michel Debré. – Constance et Charles.

Georges Pompidou. – Constance Debré, voilà qui est joli...

Quelques minutes, nous parlons côte à côte, sans nous regarder. Il évoque l'influence américaine sur la jeunesse par l'intermédiaire de la mode, des journaux.

Nous passons à table. Silence. Puis commence la politique.

Georges Pompidou. – Que fait le CDP[4] ? Les lettres de Duhamel[5], les propos de Barrot[6] ne me disent rien qui

---

4. Le Centre Démocratie et Progrès. Parti né d'une scission du Centre Démocrate sous l'impulsion de Joseph Fontanet et Jacques Duhamel pour soutenir la candidature de Georges Pompidou en 1969. Voir Serge Berstein, « Destins du centrisme politique sous la présidence de Georges Pompidou », *La Présidence de la République de Georges Pompidou*, colloque inédit cité.

5. Jacques Duhamel, ancien ministre des Affaires culturelles.

6. Jacques Barrot, secrétaire général du CDP, député, écrit dans le numéro du 3 juillet de *Faits et causes*, organe de sa formation : « [...] nous lançons un avertissement solennel au gouvernement. La discussion, le vote du budget du pays ne peut pas être, ne doit pas être un acte de routine. [...] Nous n'avons pas accordé notre confiance au Premier ministre les yeux fermés mais pour réaliser les engagements du VIe Plan et ceux pris à Provins ; et nous avons assorti cette confiance d'un rendez-vous. Le budget sera pour nous ce rendez-vous : un moment de vérité. »

vaille. Ils nous prépareraient un mauvais coup que je n'en serais pas surpris.

Michel Debré. – La grande idée, vous la connaissez, reconstituer le MRP[7].

Georges Pompidou. – Est-ce vraiment sérieux?

Michel Debré. – De Lecanuet à Marie-Madeleine Dienesch[8].

Je lui parle alors de ma conversation avec Fontanet[9], après les élections, quand il voulait débaucher Marie-Madeleine Dienesch[10] [...].

Georges Pompidou. – Oui leur rêve, c'est 40 % la gauche, 40 % la majorité, 20 % pour eux-mêmes. C'est le régime d'Assemblée. Mais Fontanet?

Michel Debré. – Je crois qu'il est tenté.

7. Mouvement Républicain Populaire. Ce parti, fondé en 1944 par des chrétiens issus de la Résistance, connaît son âge d'or sous la IVᵉ République : avec près de 25 % des suffrages exprimés à chaque élection, il est quasiment de tous les gouvernements. La Vᵉ République marque son déclin : les 16 % de suffrages exprimés obtenus par son président, Jean Lecanuet, lors des présidentielles de 1965, entraînent sa disparition l'année suivante. Jean Lecanuet fonde alors le Centre Démocrate. Voir Emile-François Callot, *Le Mouvement républicain populaire*, Marcel Rivière et Cie, 1978 et Bertrand Rocher et Valérie Lion, *Le Centre des démocrates sociaux*, LGDJ, 1994.

8. Membre de l'UDR. Secrétaire d'Etat à la Santé publique et à la Sécurité sociale.

9. Joseph Fontanet (CDP), ministre de l'Education nationale.

10. Le 16 mars 1973, j'écrivais à Georges Pompidou : « [...] Fontanet, afin de créer son groupe, demande l'adhésion de députés UDR de tendance chrétienne-sociale, Marie-Madeleine Dienesch en tête, et quelques autres avec elle (6 à 8). Je crois cette opération détestable. Elle prive l'UDR de représentants d'un "courant" qu'il est nécessaire d'avoir dans un "rassemblement" tel que nous devons rester. Elle prélude à la renaissance future du MRP. Autant l'agitation – extrêmement nocive – d'Edgar Faure me paraît vouée à l'insuccès (cela ne dépend que de nous), autant l'orientation prise par Fontanet me paraît très grave pour l'avenir de l'UDR. Je vois la semaine prochaine – à leur demande – et Fontanet et M.-M. Dienesch. J'ai l'intention, pour la raison que je viens de vous dire, d'être très négatif. Si vous avez une indication à me donner, ou à me faire donner le cas échéant, je vous en serai très obligé. [...] »

Georges Pompidou. – En fin de compte, je le croyais franc. Il ne l'est pas.

Michel Debré. – En tout cas, c'est un faible. Souvenez-vous du MRP après le « volapük[11] ». Il était ministre du Général depuis plus de trois ans. Il aurait pu résister à Pflimlin.

Georges Pompidou. – C'est vrai. Buron[12] ne demandait qu'à rester. Il faut se méfier de Fontanet. Son apparence trompe.

Michel Debré. – Demandez à Guichard. Son opinion est sévère.

Georges Pompidou. – Giscard veut essayer de se les attacher. Mais le MRP ne peut accepter Giscard.

Vient à ce moment une première tirade sur Giscard. Le thème général est : mieux vaut l'avoir dans le gouvernement qu'en dehors du gouvernement.

Je laisse passer la tirade.

Michel Debré. – Voulez-vous me laisser parler franchement ?

Georges Pompidou. – Nous sommes là pour cela.

Je lui décris, sans qu'il m'interrompe, comment je vois la situation. La surinflation, l'action insuffisante par les seuls moyens budgétaires et monétaires, les conséquences fâcheuses sur l'équipement et l'investissement. Je continue. Une gestion quotidienne.

---

11. Les ministres MRP (Pierre Pflimlin, Robert Buron, Maurice Schumann, Paul Bacon et Joseph Fontanet) démissionnent du gouvernement le 15 mai 1962 à la suite de propos du général de Gaulle jugés antieuropéens : « [...] Dante, Goethe, Chateaubriand appartiennent à toute l'Europe dans la mesure même où ils étaient respectivement et éminemment Italien, Allemand et Français. Ils n'auraient pas beaucoup servi l'Europe s'ils avaient été des apatrides et s'ils avaient pensé, écrit, en quelque "esperanto" ou "volapük" intégrés... »

12. Robert Buron était ministre des Travaux publics en 1962.

L'absence d'autorité. L'absence de souffle. L'absence de réactions devant la surinflation. En face, la tactique de Mitterrand. Or, un homme empêche tout : c'est Giscard. Il laisse faire ses services, organise sa publicité, s'oppose à toute grande politique. Faute d'être commandé, il commande – et mal. Je ne sais ce qu'il ferait dehors. Dedans, il fait beaucoup de mal. A une question de Pompidou, je réponds en disant que la majorité serait tout à fait disciplinée si elle avait l'impression d'un programme, d'une volonté et non d'une vie au jour le jour.

Pendant ce temps, du « petit homard » nous sommes passés au rôti et du rôti au fromage. Le service est rapide. Pompidou ne prend que du vin rouge.

Georges Pompidou. – Giscard voulait les Affaires étrangères. Il me les a demandées. J'ai refusé ! Je ne voulais pas le « sacrer ». Vous le savez, les Finances, c'est ce qu'il y a de plus important. Mais les Affaires étrangères, c'est un piédestal.

Michel Debré. – Je le sais. Et pour cause.

Silence.

Georges Pompidou. – Et Messmer ?

Michel Debré. – Pourquoi vous en parlerai-je ? Vous l'avez désigné. Présentement, il a un toit : il laisse Giscard agir à sa guise, quasiment sans le tenir au courant.

Georges Pompidou. – Je le sais. C'est Calvet[13] qui est le ministre de l'Economie et des Finances.

Michel Debré. – Des Finances, seulement. De l'Economie, personne ne s'occupe.

13. Jacques Calvet, directeur de cabinet du ministre de l'Economie et des Finances.

Nous parlons du Parlement. Georges Pompidou parle des Indépendants[14], de leur insuffisance, mais « ils ne suivent pas Giscard ».

Je corrige : – Ils peuvent ne pas suivre Giscard, s'il y a en face d'eux un homme, une issue. Présentement les Indépendants, comme l'UDR et les autres, ne se sentent pas dirigés. Et, dans son ensemble, le pays a le sentiment qu'il y a un Président, qui est seul, et qu'à côté c'est le vide. Mais les événements de nos jours ne permettent pas longtemps le vide. Je dis bien « le vide ».

Nous passons dans le salon voisin prendre le café.

Georges Pompidou prend la parole un peu longuement :

– Ce qui m'intéresse c'est la politique extérieure. D'abord parce qu'elle est importante. A ce sujet, un bref exposé sur sa conversation avec Nixon[15] dont le thème principal est le suivant : il va nous donner des renseignements sur le durcissement, les têtes multiples, le nucléaire.

Donc j'attends. Je ne veux pas entrer en guerre avec lui tant que nous n'aurons pas tout cela. Mais je sais bien que la compétition est plus vive que jamais. Il va

---

14. « Fondée en 1966, la Fédération nationale des Républicains Indépendants a peu à peu écarté de ses rangs la plupart des notables modérés pour les remplacer par des hommes dévoués à Valéry Giscard d'Estaing. [...] Dans le cadre [d'une] stratégie de rééquilibrage de la majorité, les Républicains Indépendants songent à rassembler autour d'eux un grand parti libéral et centriste capable de faire jeu égal avec les gaullistes. » Serge Berstein, Jean-Pierre Rioux, *La France de l'expansion*, t. II : *L'Apogée Pompidou*, Seuil, 1995, coll. « Points-Histoire », pp. 78 et 79. Les élections de mars 1973 sont, pour eux, une défaite. Leur groupe parlementaire, qu'ils espéraient voir atteindre 120 députés, n'en compte que 55 (celui de l'UDR en a 183).

15. Georges Pompidou a rencontré Richard Nixon en Islande à Reykjavik les 31 mai et 1er juin 1973. Voir le compte rendu des conversations entre les deux chefs d'Etat *in* Eric Roussel, *Georges Pompidou*, *op. cit.*, pp. 549-570.

falloir se battre. D'où, en politique intérieure, le fait que je parle de « rassemblement ». Ainsi, et c'est ma seconde raison, je place un coin entre socialistes et communistes. C'est comme cela que je veux faire de la politique intérieure.

Je tente de lui répondre. Mais il me coupe...

Georges Pompidou. – Savez-vous que lorsque Jobert a parlé à Nixon de soja[16], Nixon, sincèrement, a paru n'en rien savoir. Qu'en pensez-vous ?

Michel Debré. – Il y a deux mouvements qui animent la politique extérieure américaine. Le « mouvement Kissinger » et le « mouvement département d'Etat ». Pour Kissinger compte avant tout le rapport entre grandes puissances. Il faut rallier la France à un camp, et pour cela, ne pas hésiter à lui faire partager les secrets atomiques, directement, sans passer par les Anglais. Pour le département d'Etat, la vue est autre. On parle d'intégration et on est très soumis aux intérêts économiques américains, qui doivent être imposés, avec brutalité s'il le faut.

Je rappelle ma longue conversation avec Kissinger lors des premiers échanges et des premières communications[17].

Georges Pompidou approuve. Il reprend :

– Quant à la politique intérieure, je sais bien qu'on a suivi l'actualité, les commerçants, l'avortement, les pri-

16. Depuis le 27 juin dernier, les Etats-Unis ont interdit l'exportation du soja, à la suite de la pénurie entraînée par les achats soviétiques.
17. Lors de mon voyage officiel aux Etats-Unis en juillet 1972, j'ai rencontré le secrétaire d'Etat Henry Kissinger qui m'a dit clairement : « C'est notre intérêt que vous soyez armés. Vous êtes le seul pays qui, en Europe, comprend la valeur politique de l'effort militaire. » Il ajouta : « L'important, c'est de ne pas être dupes des Russes. Nous ne le sommes pas. » Voir Michel Debré, *Mémoires*, t. V : *Combattre toujours 1969-1993*, *op. cit.*, pp. 106-112.

sonniers de guerre[18]. Mais Messmer m'a dit que le vote sur les prisonniers de guerre avait enchanté les députés. Quant aux commerçants, je ne me fais pas d'illusion : leur situation est florissante...

Michel Debré. – Pour les prisonniers de guerre, ce fut une capitulation. Quand le combat a été engagé, cette capitulation était fatale. Il ne fallait pas l'engager. C'eût été possible. La proposition de loi n'était pas recevable. Je l'ai écrit à Edgar Faure. On a cru que l'on pourrait s'en sortir par un truc. L'ordre du jour. Il en sera de même pour le rétablissement des privilèges des bouilleurs de cru, et pour toute proposition démagogique. Il faut savoir si on entend faire de l'électoralisme pendant toute la législature... Nous avons cinq ans d'Assemblée ; nous avons trois ans avant l'élection présidentielle. Cela fait deux ans de travail sérieux assurés ! Le moins que je puisse dire c'est que face à la surinflation, et face à la compétition extérieure, nous ne sommes pas sérieux.

Georges Pompidou. – Je ne veux pas de blocage des salaires, c'est la hausse des salaires ; ni de blocage des prix, c'est la hausse des prix. Une certaine inflation est fatale.

Michel Debré. – Je ne parle ni de l'un, ni de l'autre. Et je parle de surinflation[19].

18. Allusion à de récentes décisions : le 13 mai 1973, le Conseil des ministres a adopté un projet de loi sur l'orientation du commerce et de l'artisanat, rapprochant notamment les régimes vieillesse et maladie des artisans-commerçants de ceux des salariés ; le 6 juin, le projet de loi sur l'interruption volontaire de grossesse est approuvé en Conseil des ministres : l'avortement est un acte médical remboursable par la Sécurité sociale pour lequel la décision appartient à la femme seule ; le 28 juin, l'Assemblée nationale a adopté la proposition de loi « permettant aux anciens combattants et aux anciens prisonniers de guerre de bénéficier, entre 60 et 65 ans, d'une pension de retraite calculée sur le taux applicable à l'âge de 65 ans ».
19. Jusqu'en 1973, l'inflation n'avait pas dépassé le niveau moyen de 5 à 6 %. Depuis décembre 1972, l'indice d'ensemble des prix de détail a augmenté en France de 8,5 %. A la fin de l'année 1973, l'inflation franchit la barre des 10 %, ce qui, à l'exception de l'Italie, est le plus fort taux enregistré par un pays européen.

Georges Pompidou. – C'est vrai, nous sommes en sur-inflation. L'indice de juin, celui de juillet seront mauvais.

Michel Debré. – Alors ?

Georges Pompidou. – On ne peut pas dire que nous ne faisons rien...

Michel Debré. – Vous savez que remonter le taux de l'escompte ne sert à rien : il n'y a plus d'escompte ; que resserrer le crédit aux collectivités locales ne sert à rien : l'argent était inemployé ; que relever le livret des caisses d'épargne, ne sert à rien : il était en fait relevé.

Georges Pompidou. – Mais Giscard me fait valoir l'effet psychologique.

Michel Debré. – Pendant quelques heures, puis l'effet est contraire.

Georges Pompidou. – Nous allons prendre d'autres mesures, la masse monétaire sera diminuée de 12 à 13 %. Ce n'est pas rien. Quant au budget, Messmer insiste pour que je reçoive Giscard. Je ne comprends pas. L'arbitrage budgétaire, c'est son affaire.

Michel Debré. – De ce que je sais, le budget, une fois de plus, sacrifie les équipements publics.

Georges Pompidou. – Comment voulez-vous qu'il en soit autrement ? Le fonctionnement prend tout... Quant à Giscard, comme ministre des Finances, il est usé, archi-usé ! Il montre la corde.

Silence.

Georges Pompidou. – On m'a enterré trop vite. Alors Giscard, Chaban se sont vus président de la République. Giscard sera battu. Chaban sera battu. C'est Mitterrand ou moi : voilà la vérité et il n'y a rien d'autre.

Silence.

Georges Pompidou. – Quant à vous...

Michel Debré. – Je ne parle pas de moi. J'ai voulu simplement vous dire qu'il y a une grande insuffisance de la politique actuellement, et que c'est cela qui compte...

Georges Pompidou. – Quant à vous, je vous le répète, vous êtes le meilleur. Je ne le dis pas seulement. Je l'ai écrit. Pendant la campagne électorale, je n'avais pas grand-chose à faire. Alors j'ai écrit. Et j'ai écrit que vous étiez le meilleur. C'est écrit, je vous le dis. Ce que vous devez devenir? La Défense nationale, c'est terminé pour vous. Vous en êtes bien d'accord? (Assentiment). Alors c'est l'Economie et les Finances ou Matignon. Si nous devons nous durcir, votre temps viendra. Mais il faut attendre pour se durcir, pour devenir nationaliste comme les autres. J'ai besoin que Nixon me donne les renseignements sur le nucléaire... Dès que je les aurai, alors je montrerai ma pensée véritable. Nous sommes en pleine compétition. L'Europe est morte. Personne n'en veut plus, sauf le Benelux. Alors il faudra montrer ce que nous sommes. Mais ce n'est pas tout de suite qu'il faut se durcir.

Michel Debré. – Présentement, avec désintéressement je crois, j'ai réussi à calmer les appréhensions de l'UDR après mon départ. L'UDR doit être forte. Il n'y a pas de gouvernement sans UDR. Même vous, vous avez besoin de l'UDR.

Georges Pompidou. – A propos, on me fait dire n'importe quoi. Je ne prends pas parti dans l'affaire du secrétaire général. Mais, à tout prendre, je préfère Fanton à Sanguinetti[20]. C'est clair, ce que je dis. [...] Nos amis sont comme les autres : ils veulent le gouvernement d'Assemblée.

---

20. L'élection du nouveau secrétaire général de l'UDR est fixée au 6 octobre prochain. C'est Alexandre Sanguinetti qui sera élu au 3ᵉ tour de scrutin par 58 voix contre 56 à mon ami et ancien collaborateur André Fanton.

Michel Debré. – Ils sont plus raisonnables que vous ne le pensez. Mais il faut les diriger.

Georges Pompidou. – Peyrefitte n'a pas été un bon secrétaire général. Il n'est pas non plus un bon ministre. Ne voilà-t-il pas qu'il dit dans un discours qu'aux présidentielles il votera pour moi ? Qu'est-ce que cela veut dire de la part d'un ministre ?

Silence.

Michel Debré. – Vous avez appris que Nixon avait été invité à Strasbourg par l'Assemblée européenne ? Il faudrait lui rappeler que Strasbourg est ville française.

Georges Pompidou. – Et le Conseil de l'Europe qui invite Golda Meir[21] ! C'est un coup de Pflimlin[22]. Pflimlin mérite la Haute Cour.

Michel Debré. – Pour Nixon comme pour Golda Meir, il faudrait faire savoir que le gouvernement a rappelé qu'une visite dans une ville française devait recevoir l'agrément des autorités françaises.

Georges Pompidou. – C'est vrai.

Michel Debré. – Puis-je vous dire un mot personnel ? Vous avez nommé Stasi aux Départements et Territoires d'Outre-Mer...

Georges Pompidou. – C'est un mauvais ministre. Il n'est pas adapté à sa fonction.

Michel Debré. – Je ne puis encore le juger. Mais il est allé à la Réunion, m'a demandé conseil. J'ai mobilisé l'UDR pour le bien accueillir. Moyennant quoi, pendant quatre jours il n'a pas prononcé mon nom. Les élus réunionnais n'en sont pas encore revenus...

---

21. Premier ministre d'Israël de 1969 à 1974.
22. Pierre Pflimlin, ancien président du Conseil de la IVᵉ République, est maire de Strasbourg.

Georges Pompidou. – Indépendamment de cette affaire personnelle, je vous le répète, c'est un mauvais ministre. Ainsi à propos des Comores. Il n'a pas négocié, mais cédé. Il avait accepté un référendum dans trois ans. Abdallah m'avait dit, je ne demande rien avant trois ans pour que les Comoriens votent pour vous aux présidentielles : 150 000 voix pour vous, m'a-t-il dit. Alors qu'est-ce que cela veut dire trois ans ? Les Comoriens ne vont pas voter pour le président de la République française et quinze jours après pour l'indépendance. J'ai dit cinq ans. Stasi a transmis, et cela a été accepté aussitôt[23]. C'est bien la preuve que rien n'avait été négocié. J'ai d'ailleurs fait exception à ma règle qui est de ne pas recevoir avant leur départ les Commissaires. J'ai vu Poulet[24] et je le lui ai dit. Attention et ne laissez pas Abdallah pourrir Mayotte. Je ne connaissais pas Stasi. On m'avait dit dans ce CDP où il n'y a personne, il y a Stasi. Eh bien, ce n'était pas vrai. Il ne vaut pas mieux que les autres.

Michel Debré. – Avant de vous quitter je vais vous souhaiter des vacances reposantes.

Georges Pompidou. – Oui, on parle de vacances. Y aura-t-il des vacances ?

Michel Debré. – En tout cas, il ne faut pas attendre des vacances qu'elles atténuent la gravité des problèmes intérieurs ou extérieurs.

Georges Pompidou. – C'est bien vrai.

Nous nous dirigeons vers la porte. Il sourit largement. Je ne souris en aucune façon. Sans doute le voit-il.

23. Le 15 juin 1973, l'accord intervenu entre Ahmed Abdallah, président du Conseil de gouvernement comorien, et le gouvernement français prévoit l'organisation d'un référendum d'autodétermination dans les cinq ans, sans que soit précisé si le décompte des voix sera global ou île par île. Le 22 décembre 1974, Mayotte refusera l'indépendance.

24. Georges Poulet, Haut-Commissaire, délégué général de la République aux Comores.

– Alors, il faut que je lise l'article de François?

Michel Debré. – Oui, vous verrez. Il a une bonne plume...

Georges Pompidou. – Je vois, je vois, c'est François qui aura la bonne plume de la famille...

Le septennat,
pièce de l'édifice constitutionnel
9 octobre 1973

*Je vois le Président dans un contexte international tendu
– le 6 octobre, le jour de la fête de Yom Kippour, les armées
égyptienne et syrienne déclenchent les hostilités contre Israël
pour reconquérir les « territoires occupés » – et dans une situation de politique intérieure confuse. Le 16 octobre s'ouvre à
l'Assemblée nationale le débat sur la réduction du mandat présidentiel de sept à cinq ans. J'informe, à cette occasion, Georges
Pompidou de la décision que je rendrai publique quelques jours
plus tard au bureau du groupe UDR. Je ne voterai pas le projet du gouvernement, et ce pour une double raison : le septennat « assure par rapport aux circonstances et aux affaires ou
intérêts du moment un détachement qui est indispensable à
l'exercice de la fonction. La réduction envisagée aboutit à fixer
le même temps de mandat pour le président de la République
et pour les députés. Elle diminue et peut supprimer l'écart entre
la durée du mandat présidentiel et celle d'un gouvernement.
Dès lors, les risques d'une déviation d'institutions approuvées
par le suffrage universel me paraissent trop grands pour que je
puisse me rallier à ce projet ». Ma décision est irrévocable et ce
d'autant plus que je sens bien que ce projet de quinquennat est
peu ou pas compris, des députés comme de l'opinion. D'ailleurs
cette réforme fera long feu : la procédure de révision sera inter-
rompue par le chef de l'Etat lui-même, estimant que la majorité requise des trois cinquièmes risquait de ne pas être atteinte*

lors de la réunion du Congrès. Il s'en expliquera le 24 octobre à l'occasion d'un entretien télévisé.

Je ne vois plus désormais que rarement le président de la République seul à seul. Un déjeuner informel nous réunit à l'Elysée. Il sera particulièrement long, deux heures et quart, de 13 h 15 à 15 h 30.

Pompidou est obèse et a le visage très bouffi.

La conversation commence par le Proche-Orient.

Georges Pompidou. – Nous n'avons été prévenus par personne. Les Egyptiens auraient pu nous avertir. Les Russes, naturellement, étaient au courant. Ils ne nous ont rien dit. Les Américains feignent d'être surpris, mais ils devaient le savoir.

Il se plaint de nos services de renseignements, diplomatiques, militaires ou secrets. Il y avait bien eu une fiche, il y a quelques semaines, sur des mouvements de troupes, mais on pouvait les interpréter comme une manœuvre de politique intérieure, ou une remise en ordre de troupes dont on craignait le loyalisme.

Michel Debré. – Il faut marquer notre ligne politique. Je lui résume ce que j'ai dit sur Europe n°1 la veille au soir[1].

Pompidou revient aux événements : – Les Egyptiens se battent mieux. Contrairement à ce que dit *Le Figaro* ce matin, Israël n'a pas franchi le Canal. Que veulent les Arabes ?

---

1. J'ai dit à Etienne Mougeotte : « Les territoires qui viennent de faire l'objet d'une invasion égyptienne et syrienne sont des territoires que l'on appelle territoires occupés, c'est-à-dire des territoires qui, juridiquement, sont des territoires égyptiens et syriens. Dans ces conditions, on ne peut pas considérer que le mot agression a le même sens en 1967 et aujourd'hui. » Ajoutant : « Je n'excuse en aucune façon cette réouverture des hostilités. [...] l'existence et la sécurité d'Israël nous apparaissent comme des choses nécessaires et indispensables. »

Michel Debré. – Selon moi, les Arabes visent deux objectifs : l'un d'ordre intérieur, effacer, par des prouesses, la
honte de la guerre des Six Jours en 1967 ; ensuite, diminuer l'importance des territoires occupés par Israël pour
qu'une négociation porte sur des lignes rectifiées. Je ne
pense pas qu'ils puissent avoir présentement des objectifs plus importants.

Pompidou me parle des Mirage que nous avons ven-
dus à la Libye :

– Nous pensons qu'ils sont restés en Libye, mais certains nous disent qu'il y en a vingt-cinq en Egypte. En
fait, je ne le crois pas, car, si c'était le cas, Israël
l'aurait dit et publié à son de trompes[2]. J'ai rédigé moi-
même le passage du discours que Messmer doit pronon-
cer à ce sujet. Je pense également que le discours de
Guiringaud[3] à New York sera convenable. Mais, cette
affaire est mauvaise du point de vue intérieur. Les centristes sont animés par Israël. Ils vont voter contre le gouvernement. Ils vont voter contre le projet de révision de
la Constitution. Philippe Alexandre a, paraît-il, dit ce
matin qu'il y avait même des membres du gouvernement
qui étaient hostiles à notre politique. S'ils ne sont pas
contents, qu'ils s'en aillent !

---

2. Malgré l'opposition du gouvernement israélien, la France, après
avoir obtenu l'assurance que les avions serviraient uniquement à la
défense du territoire national, avait autorisé Dassault à vendre des Mirage
à la Libye. En avril 1973, le gouvernement israélien s'inquiétait officiellement du transfert d'une partie de ces Mirage en territoire égyptien. Le
gouvernement américain, qui avait suivi de près cette affaire, affirmait
qu'il était désormais certain que ces avions avaient été rapatriés sur leurs
bases en Libye. On en était là en octobre 1973. En réalité, le gouvernement français sera abusé puisque, au cours de la guerre du Kippour,
un Mirage israélien abattra un Mirage libyen, dont le pilote combattait
aux côtés des Egyptiens. Voir Michel Debré, *Mémoires*, t. V, *op. cit.*,
pp. 103-104.
3. Louis de Guiringaud, représentant de la France à l'ONU.

Nous revenons à la guerre d'Israël. Pompidou se plaint à nouveau du silence des Russes. J'évoque leur intérêt pour le Canal de Suez. Puis je parle des enseignements militaires, des leçons qu'il faudra en tirer pour nos lois-programmes. Pompidou ne répond pas. Il a l'air gêné que nous évoquions en détail des affaires qui étaient précédemment de mon ressort ministériel. Ce n'est peut-être qu'une impression.

Nous passons dans la salle à manger. Commence le déjeuner (thon, rôti de bœuf).

Pompidou me parle de l'élection du secrétaire général de l'UDR :

– Je ne suis pas intervenu. Nous voilà donc flanqués de Sanguinetti. Pourvu que nous n'ayons pas d'histoires !

Michel Debré. – Je ne suis pas non plus intervenu dans le débat, quoique Fanton fût un candidat meilleur, à la fois plus jeune et meilleur organisateur.

Georges Pompidou. – Oui, mais c'est un maladroit. Il vient de me manquer. Je l'ai fait inviter hier pour demain et il a fait répondre qu'il était pris, qu'il ne pouvait pas accepter de se dégager quarante-huit heures à l'avance.

Michel Debré. – Cependant, un secrétaire plus jeune eût été meilleur, à tous égards et, en particulier, en raison du prochain abaissement de l'âge électoral.

Georges Pompidou. – Cet abaissement est une sottise. Messmer avait promis cela alors qu'il n'avait pas encore fait son virage. Il était prisonnier de ce qu'il avait dit, comme il était prisonnier, par exemple, à l'égard de Fouchet[4] à qui on a donné l'investiture. Je n'ai pas voulu refuser, mais c'était une erreur. Messmer ne pouvait pas faire autrement.

4. Christian Fouchet, ancien ministre, député non-inscrit de Meurthe-et-Moselle, a quitté l'UDR en février 1971 et a fondé, en décembre 1972, le Mouvement pour l'avenir du peuple français.

Je ne réponds pas et reviens à l'abaissement de l'âge électoral[5].

Georges Pompidou. – C'est stupide de faire de la démagogie à l'égard de gens qui ne votent pas. Faire des promesses aux commerçants, passe encore, mais faire des promesses à des jeunes qui ne sont pas des électeurs, à quoi bon! Il faudrait essayer de limiter les dégâts à 20 ans.

J'évoque les pays où l'on a commencé par les élections locales.

Georges Pompidou. – Voilà une bonne idée! Il faut que je la fasse étudier.

Après un instant de silence, je prends la parole et lui parle du prochain article que je vais publier dans *Le Monde* en réponse aux déclarations de Giscard[6]. Je lui résume brièvement l'article – où je m'insurge contre l'abandon de l'étalon-or et les deux inconvénients majeurs qu'il représente : le risque permanent d'inflation et l'officialisation d'une zone dollar – et j'ajoute :

– Lors de votre conférence de presse, vous avez laissé ouvertes diverses hypothèses. Giscard les ferme toutes et il s'interdit toute négociation.

Georges Pompidou. – Pourquoi a-t-il fait cela d'après vous?

Michel Debré. – Avez-vous été prévenu à l'avance de ces déclarations? Messmer a-t-il été prévenu? Elles sont graves.

---

5. Voir p. 150, note 26.

6. Le 4 octobre 1973, Valéry Giscard d'Estaing, dans une interview accordée au *Monde*, à propos de la future réforme du système monétaire international, prenait position en faveur d'un retour à des parités fixes, modifiables et désormais définies en Droits de tirage spéciaux (DTS) et déclarait : « L'inflation est, en effet, le problème fondamental qui se pose à nous. Je ne considère pas, toutefois, qu'il y ait incompatibilité entre la poursuite de la situation d'inflation, d'une part, et la réalisation de la réforme monétaire, d'autre part. » Ma réponse sera publiée sous le titre : « La Gravité de l'enjeu » en première page du *Monde*, le 12 octobre 1973.

Le silence de Pompidou est éloquent.

Michel Debré. – Giscard veut avoir le soutien des dirigeants américains pour la suite de sa carrière.

Georges Pompidou. – C'est exactement cela. Il n'y a pas d'autre raison.

Je reprends la parole pour indiquer la gravité de l'affaire.

Pompidou m'interrompt : – Qu'il dise ce qu'il veut, cela n'a pas d'importance. Les choses, en définitive, seront réglées au-dessus de lui et sans lui.

Michel Debré. – Attention. Il s'agit d'affaires longues et les positions prises progressivement engagent l'avenir.

Pompidou répond à côté :

– Nous devons faire attention à la faiblesse du franc. Les détenteurs d'argent en France n'ont pas de sens civique et, au surplus, nous sommes ouverts aux manœuvres de l'étranger. Je suis persuadé que certaines sociétés américaines transfèrent leurs fonds selon les indications du gouvernement américain quand on veut faire apparaître la faiblesse de telle ou telle monnaie.

Michel Debré. – Peut-être, mais nous avons des armes et, d'autre part, la faiblesse du franc est pour une part due à la politique intérieure. Nous avons laissé passer des mois et des mois avant de comprendre que l'inflation exigeait une action. Vous avez dit dans votre conférence de presse : je me suis trompé deux fois[7]. Vous avez été bien gentil !

C'est ici que se place le seul moment où, l'ayant flatté, je le vois sourire et être heureux.

---

7. Lors de sa conférence de presse, le 27 septembre dernier, le président de la République a dit exactement : « Ce problème de l'inflation, je dois le dire, est un problème extrêmement grave. Au moins, à deux reprises, j'ai cru que nous avions passé le cap et que nous avancions. A chaque fois, je l'avoue, je me suis trompé. »

Georges Pompidou. – Oui – en souriant largement – j'aurais dû dire : on m'a trompé deux fois !

La conversation part sur l'inflation. Je lui dis mes craintes des tensions sociales, les difficultés qui augmentent à mesure que l'on attend.

Pompidou conclut :

– J'ai demandé des études. J'ai demandé des projets. On fera quelque chose en décembre. C'est à ce moment-là qu'il faut agir.

Je n'insiste pas.

Pompidou me parle alors de Giscard :

– Il ne faut pas s'obnubiler sur lui. Ce qu'il veut c'est être en vedette. Tenez, par exemple, je lui ai interdit de partir pour Niamey. Savez-vous ce qu'il voulait faire ? Conduire lui-même un camion à la tête d'une caravane. C'était du cinéma. Ah, si j'étais sûr qu'en le mettant à la porte du gouvernement il se contenterait d'aller à la chasse en Afrique, comme je le mettrais à la porte ! En attendant, il faut le traiter comme un autre et, encore une fois, ne pas le mettre en vedette.

Pompidou me reparle des Américains : – Je sais que Giscard a cédé pour leur faire plaisir, mais je vais être dur avec les Américains. Déjà à Reykjavik[8], j'ai dit à Nixon : « Je ne céderai pas mon âme pour un plat de lentilles. »

La conversation revient à la politique intérieure.

Michel Debré. – Faites attention. Vous avez des gens qui vous flattent et qui, derrière vous, vous critiquent. Vos amis de l'UDR peuvent parfois parler plus franchement, mais ils ne vous critiquent pas par-derrière.

Pompidou ne répond pas directement :

– Je sais que les Indépendants ne sont pas seulement des adversaires. Ce sont de véritables ennemis : Giscard,

8. Voir note 15, p. 169.

Poniatowski, d'Ornano[9], Chinaud[10] et le petit Soisson[11].
Je ne l'ai pas pris comme ministre celui-ci, car je ne voulais pas faire de peine à Chamant[12], mais il viendra à la
soupe quand je le voudrai (et il avance la main, paume
ouverte, se frottant le pouce contre l'index). Mais nous
avons besoin d'eux. Ce n'est pas que la vie soit facile avec
eux. Tenez, je vais vous parler de l'affaire Delorme. J'ai
dit à Giscard : « Je ne veux pas que Delorme devienne
Directeur général des impôts ! » Eh bien, savez-vous ce
que fait Giscard ? Il ne nomme personne et Delorme se
trouve chargé de l'intérim !...

Michel Debré. – Il me semble qu'un ministre peut obéir,
soit directement à vous, soit indirectement par l'intermédiaire du Premier ministre...

Georges Pompidou. – C'est plus difficile que vous ne le
croyez.

Je fais la grimace et me tais. On lui apporte un cigare.
Nous nous levons pour prendre le café.

Michel Debré. – Georges, j'ai trois choses à vous dire, à
titre personnel. Et je vais vous les dire dans l'ordre d'importance croissant. La première sera brève, et je ne vous
demande pas de réponse. Sachez simplement que Stasi
n'a pas le calibre d'un ministre, et que c'est grave pour
les Départements comme pour les Territoires d'Outre-
Mer. Je ne vous en dirai pas plus.

Pompidou fait un geste :

– J'ai été trompé. C'est un homme qui ne sait ni ce qu'il

9. Michel d'Ornano, député, secrétaire national des Républicains
Indépendants.
10. Roger Chinaud, député, secrétaire politique national des
Républicains Indépendants.
11. Jean-Pierre Soisson, député, secrétaire national adjoint des
Républicains Indépendants.
12. Jean Chamant, ancien ministre des Transports (1971-1972),
député Républicain Indépendant.

dit, ni ce qu'il fait. Il faudra le changer au prochain remaniement, mais il n'y a pas beaucoup de centristes. Vous
savez, en vérité, on ne voulait pas de lui comme ministre,
mais Messmer m'a proposé Claudius-Petit[13]. Je n'ai pas
voulu de Claudius-Petit alors. Il fallait un poste de
ministre pour un centriste. On a pris Stasi.

Je ne réponds pas, puis, après un silence, je dis :

– Mon second point est d'attirer, à titre amical, votre
attention sur deux passages de votre conférence de
presse, sur lesquels je voudrais bien qu'entre nous tout
soit clair. Vous avez parlé de votre Premier ministre et
de votre ministre des Armées comme si, enfin, vous étiez
satisfait d'avoir des combattants ou des résistants à la
place où ils sont[14]. Je ne pense pas qu'il faille comprendre
cette phrase comme voulant dire que des prédécesseurs,
et notamment le prédécesseur à la Défense nationale,
n'étaient pas de la même trempe. Je ne parle jamais des
années de guerre, ou le moins possible, en tout cas, je
n'en fais jamais état. Mais je voudrais être sûr que votre
pensée n'a pas établi de comparaison à mon détriment.
Sachez que le Général a regretté de ne pas m'avoir remis
la Croix de la Libération. J'étais son collaborateur, et il
ne me paraissait pas convenable de la demander. Il l'a
regretté expressément. On le voit d'ailleurs dans un livre
de Tournoux[15].

13. Eugène Claudius-Petit, ancien ministre, député Union centriste.
14. Dans sa conférence de presse du 27 septembre dernier, Georges
Pompidou a dit : « C'est elle [la devise révolutionnaire : « Vivre libre ou
mourir »] qui animait les combattants, je dis les combattants de la
Résistance, c'est elle qui animait les combattants, je dis les combattants
de la France Libre, au premier rang desquels se trouvaient, et ce n'est
pas un hasard, Pierre Messmer et Robert Galley. »
15. J.R. Tournoux, *La Tragédie du Général*, Plon, 1967, p. 195,
note** : « Un autre jour, de Gaulle regrettera que Juin ne soit pas
Compagnon de la Libération : "Il le méritait, dit-il, et Michel Debré
aussi, et Edmond Michelet. On a arrêté la liste trop tôt." »

Pompidou paraît un peu ému :
– Je ne me suis pas bien exprimé. Jamais je n'ai voulu dire ce que vous pensez. Vous ne pouvez pas imaginer cela.

Puis arrive un propos qu'au début je ne comprends pas :
– Pourquoi Brouillet[16] ne m'a-t-il jamais rien dit ? Brouillet, que je voyais quatre fois par mois et avec qui je parlais politique en lui disant : « Ces affreux Allemands », « ce cochon de Laval », pourquoi ne m'a-t-il jamais rien dit ?

Je comprends alors ce qu'il veut dire. Brouillet, dans l'hiver 1944, devait avoir des liaisons avec [Georges] Bidault, et Pompidou lui reproche encore de ne pas l'avoir initié à ce qu'était alors la Résistance.

Georges Pompidou. – Il aurait dû me tenir au courant.

Je lui parle ensuite de la fin de sa conférence de presse :
– Vos dernières phrases ont ému d'autant plus beaucoup de vos amis et beaucoup de militants que les commentaires de presse ont aggravé vos propos[17].

16. René Brouillet. Voir « En relisant nos lettres », p. 13.
17. Georges Pompidou a conclu en ces termes sa conférence de presse : [à propos du général de Gaulle] : « Quels que soient la grandeur du personnage et le rôle qu'il a joué, l'horloge mondiale ne s'est pas arrêtée, en avril 1969, les événements courent [...] et j'essaie d'agir de mon mieux, de régir de mon mieux [...] et je ne m'abrite pas derrière le nom du général de Gaulle, et je ne dis pas : "Je fais ce qu'il aurait fait" et je défie quiconque de prétendre écrire, c'est ce qu'il aurait dit. Eh bien, il faut bien qu'il y ait une citation. Elle sera du cardinal de Retz : "Les grands hommes sont de grandes raisons pour les petits génies." [...] » *Le Monde*, dans son édition du 29 septembre, titre notamment : « M. Pompidou prend un peu plus de distance vis-à-vis des "intégristes" du gaullisme » et Raymond Barillon, dans son article « Pour quoi dire ? », du même jour commente les propos du chef de l'Etat en ces termes : « [...] MM. Debré, Fouchet, Chaban-Delmas, Couve de Murville, quelques autres peut-être n'auront pas pu ne pas être sensibilisés au distinguo établi par l'Elysée. Répétant une fois de plus qu'en matière de gaullisme,

Georges Pompidou. – Oui, oui, je n'ai pas éclairé ma lanterne. C'est la réponse à la seule question dont j'avais expressément demandé qu'elle me soit posée : je voulais river leur clou à Fauvet[18] et à *Combat* qui m'opposent sans arrêt le général de Gaulle alors qu'ils l'ont toujours combattu de son vivant. J'ai oublié une phrase, mais il est bien clair que je ne visais aucun de nos amis.

Michel Debré. – Une nouvelle fois vous avez évoqué le fait que votre gaullisme était désintéressé[19] en l'opposant, semble-t-il, à ceux qui avaient accepté des mandats. Vous savez bien que j'ai été parlementaire dix ans sans accepter aucune des offres qui m'étaient faites. Pourquoi les parlementaires gaullistes seraient-ils moins désintéressés que ceux qui, à la même époque, n'acceptaient pas de mandat parlementaire ?

Georges Pompidou. – Ce n'est pas ce que j'ai voulu dire. Vous savez bien que je ne peux pas en vouloir aux parlementaires. Moi-même, j'aurais pu être parlementaire. Je ne l'ai pas voulu. D'ailleurs, vous le savez bien, jusqu'en mai 1958, je n'ai jamais cru au retour du Général.

J'aborde la dernière affaire :

---

il n'a "de leçon à recevoir de personne", M. Pompidou s'est plu à rendre hommage par deux fois aux seuls combattants de la Résistance ou de la France Libre, au premier rang desquels Pierre Messmer et Robert Galley, et a semblé vouloir les opposer aux "petits génies" qui trouvent toutes leurs "grandes raisons" dans la référence à de Gaulle, et dans l'exaltation de sa mémoire. [...] »

18. Jacques Fauvet, directeur du journal *Le Monde*.

19. Georges Pompidou a dit : « [...] j'ai été pendant vingt ans le collaborateur le plus étroit, le plus proche du général de Gaulle. [...] J'ai refusé tout poste parlementaire ; on m'en a proposé, et de très faciles. Je ne suis pas entré dans les gouvernements. C'était donc du gaullisme total, personnel et désintéressé, totalement désintéressé. C'est pourquoi je n'ai de leçon de gaullisme à recevoir de personne, vous m'entendez, de personne. »

– Voilà l'affaire la plus importante que j'avais à vous soumettre. Je ne crois pas pouvoir voter le projet de révision constitutionnelle. Je ne fais pas appel au souvenir du Général, en aucune façon, mais le septennat n'est pas simplement le fait de la tradition. On a voulu, en 1958, et on a voulu en 1962, maintenir un long mandat pour assurer l'indépendance des fonctions de chef de l'Etat. A ce titre, le septennat est une pièce de l'édifice constitutionnel qui écarte ce que l'on appelle le « régime présidentiel » et qui pourrait être en France, par une voie détournée, le retour au régime d'Assemblée. Je considère qu'il faut garder une longue durée de mandat. Je l'ai dit à maintes reprises.

Georges Pompidou. – Si vous ne votez pas le texte, que dira-t-on ? C'est impossible que vous agissiez ainsi. Je donne ma démission ou je dissous l'Assemblée...

Michel Debré. – Il ne faut pas prendre, une nouvelle fois, les choses sur ce ton-là. Vous l'avez déjà fait une fois devant moi.

Pompidou se calme aussitôt. Je redis que le septennat a une qualité particulière : la durée, le détachement qu'il permet.

Pompidou m'interrompt : – Moi aussi je l'ai dit. J'ai aussi pris la défense du septennat. Mais, en fait, les choses ont changé. Le général de Gaulle n'était pas un président comme les autres et, moi-même, qui suis le premier des présidents normaux, je ne suis pas non plus tout à fait un président normal. Pour le général de Gaulle, en fait, les Français votaient sans se demander pour combien de temps ils votaient pour lui. A leurs yeux, il était le Président à vie, et s'il n'y avait pas eu ce référendum...

Ici une incidente sur le référendum et sur nos positions de cette époque où nous étions, l'un et l'autre, très hostiles à ce référendum.

Georges Pompidou. – Si j'avais été Premier ministre, ce référendum n'aurait jamais eu lieu.

Michel Debré. – Je peux exactement prendre la même formule à mon compte.

Georges Pompidou. – S'il n'y avait pas eu ce référendum, le Général aurait donné sa démission, les uns disent le 18 juin 1970 ; les autres, à l'âge de 80 ans, en novembre. En fait, je crois qu'il aurait donné sa démission le 18 juin. On m'a beaucoup reproché la petite phrase de Rome, mais je savais que le général de Gaulle avait l'intention de s'en aller, et il me fallait prévoir l'avenir.

Il en revient au projet de loi :

– Deux fois sept ans, c'est-à-dire quatorze ans, c'est trop. Il faut donc deux fois cinq, c'est-à-dire dix ans. En France, un régime, un homme, ne durent pas plus de dix à douze ans, et puis, quand il s'agira de présidents normaux – car moi aussi je ne suis pas tout à fait normal puisque je n'ai pas fait carrière dans la politique –, il faudra compter avec l'âge : sept ans, en fin de carrière, c'est trop long. C'est pourquoi j'ai pris ma décision de remplacer le septennat par les cinq ans.

Je résume à nouveau mes objections et j'ajoute :

– Ce projet n'est pas compris.

Pompidou ne répond pas.

Michel Debré. – Il est si peu compris qu'il ne faut pas envisager de référendum.

Il ne répond pas, mais fait un geste comme si cette idée ne pouvait pas être retenue.

Georges Pompidou. – Si l'on dit que Michel Debré s'abstient, ce sera très grave.

Michel Debré. – C'est une affaire de jugement personnel.

Georges Pompidou. – Mais vous avez des responsabilités !

Michel Debré. – Lesquelles ? Je ne suis pas membre du gouvernement. Je n'ai pas de responsabilités au Parlement...

Georges Pompidou. – Vous auriez dû prendre la présidence de la Commission des finances.

Je fais un geste et poursuis :

– Je n'ai aucune responsabilité à l'UDR, et, vous le savez bien, je suis député. Dans un cas déterminé, je peux demander à voter comme je souhaite voter, en particulier lorsqu'il s'agit de la Constitution.

Georges Pompidou. – Je regrette que les circonstances ne me permettent pas de vous voir au gouvernement. De tous les gaullistes, vous êtes le meilleur. Je l'ai écrit. Cela vous importe peu, mais nous ne serons plus là, ni vous ni moi, lorsque ce que j'ai écrit à ce sujet sera publié.

J'ai droit, à ce moment-là, à trois développements. Le premier concerne la fermeté de sa politique à l'égard des Américains. Il me dit :

– Je ne vous ai peut-être jamais raconté l'anecdote suivante (il m'en avait parlé au cours du repas) : quand j'étais à Reykjavik, j'ai dit à Nixon : « Je ne vendrai pas mon âme pour un plat de lentilles. » Nixon n'a pas compris, c'est Kissinger qui lui a expliqué. Cela m'a paru curieux de la part d'un homme qui est censé lire quelques pages de la Bible chaque jour. Je ne céderai pas. Je ne veux pas inclure le Japon dans l'Alliance atlantique.

Il fait semblant de regarder si personne ne nous écoute :

– Vous savez que les Américains sont prêts à nous donner des renseignements confidentiels pour notre force nucléaire. Tant pis, ce n'est pas pour cela que je leur obéirai.

Il me parle ensuite de politique intérieure :

– Lecanuet, je n'en veux pas. Il restera dans l'opposition jusqu'à la fin de la législature. Tant pis pour lui. Je gouverne avec l'UDR.

Puis il me parle de Couve :

– Il a de l'audace celui-là ! J'ai lu son livre et ce qu'il dit sur la conférence de presse du Général en janvier 1963 écartant l'Angleterre du Marché commun[20]. Le lendemain même de cette conférence, Couve me disait : « Cette conférence de presse, c'est une connerie. » Couve parle aussi du « Québec libre » et, quand il est revenu avec le Général du Canada[21], dans l'aéroport où j'étais allé accueillir le Général, que m'a dit Couve ? « Encore une connerie ! » Alors maintenant, il n'a pas à me donner des leçons de gaullisme.

Je réponds tranquillement :

– Le problème dont je vous parle est celui de la révision constitutionnelle et de mon opinion à ce sujet. Je ne crois pas qu'il soit bon de réduire la durée du mandat présidentiel. Je ne crois pas qu'il soit bon de donner l'exemple d'une révision profonde de la Constitution – ou sur un sujet important – par la voie du Congrès.

Silence. Pompidou consulte sa montre. Il est bientôt 3 heures et demie.

– Il faut que je monte.

Une petite valise est à côté de lui. Il la prend. Nous suivons le couloir. Au moment de nous quitter :

– Dites-vous bien, Michel, qu'entre nous deux il n'y a rien. Je n'ai rien personnellement contre vous. Je vous le répète.

– Je vous remercie de me le dire.

Nous nous quittons.

20. Voir Maurice Couve de Murville, *Une politique étrangère 1958-1969*, Plon, 1971, pp. 411-412 et p. 456.
21. Lors d'un voyage officiel au Canada, en juillet 1967, le général de Gaulle, alors au Québec, termine son discours par : « Vive le Québec libre ! » Le Premier ministre du Canada juge inacceptable cette immixtion dans les affaires intérieures canadiennes. Le Général interrompt son voyage et rentre en France.

NOTE PRÉPARATOIRE
À L'ENTRETIEN AVEC LE PRÉSIDENT DE LA RÉPUBLIQUE,
LE 8 OCTOBRE 1973

Thèmes d'ordre personnel

1. Pour ce qui concerne le président de la République

Nous assistons autour de Georges Pompidou à un phénomène que j'ai connu autour du général de Gaulle. Il est entendu
que la seule attitude convenable consiste à ne jamais élever
d'objection.

Je préfère, pour la bonne marche de l'Etat, la franchise avant
la décision, puis la loyauté dans l'exécution, à l'apparente sou-
mission lors du débat et la déloyauté dans l'exécution. Des
exemples peuvent être fournis.

2. Pour ce qui me concerne

Ni combattant, ni résistant?
Mauvais gaulliste pour avoir été dix ans parlementaire gaul-
liste – en refusant toute séduction ministérielle?
Petit génie selon la définition de Retz?
De toute façon, à l'écart.

3. Pour ce qui concerne mon mandat

Des ministres ont été nommés – dont j'ai accueilli sans joie
l'élévation – mais était-il nécessaire, après avoir dit et redit qu'il
était utile pour la Réunion, et pour la France, que j'y conserve
mon mandat, de mettre en charge du ministère dont dépend
la Réunion, un homme qui me soit hostile, qui soit hostile à

l'UDR et dont la tendance naturelle est de se montrer aimable à l'égard de tous les adversaires de la présence française ?

Thèmes d'ordre politique

1. Pour ce qui concerne le domaine extérieur

La déclaration au *Monde* du ministre de l'Economie et des Finances constitue un ralliement pratiquement inconditionnel à la thèse américaine. Cette thèse nous condamne à l'inflation et à la domination monétaire.

On parle beaucoup, à Bruxelles, du retour de la France dans l'Eurogroupe. Le ministre chargé des Armées va-t-il siéger à nouveau avec ses collègues de l'Alliance atlantique ?

2. Pour ce qui concerne les affaires intérieures

La lutte contre l'excès d'inflation est toujours pour demain. En l'état présent de la société et de la politique françaises, un début de récession extérieure ne suffira pas à freiner le mécanisme hausse des rémunérations/hausse des prix.

3. Pour ce qui concerne la révision constitutionnelle

Je ne comprends pas la réforme quant au fond – un mandat plus bref altérera le pouvoir du Président trop vite préoccupé de sa réélection et réduira encore davantage le rôle du gouvernement. Voilà qui n'est bon ni pour la présidence, ni pour la République.

Je ne comprends pas la réforme quant à la méthode : la recherche de voix chez les adversaires ressemble aux usages anciens, au moment des dangereux votes de confiance.

Fraternité gaulliste
12 octobre 1973

Bernard Tricot[1] me rend visite à mon domicile, rue Spontini, à 9 heures du matin. J'ai toujours préféré recevoir les amis tels que Bernard Tricot chez moi plutôt qu'à mon bureau, rue de l'Université, ou dans des lieux publics, et ce à une heure souvent matinale.

Quelques réflexions ou souvenirs de notre conversation méritent d'être notés.

Bernard Tricot. – Pompidou détruit le gaullisme, parce qu'il ne sait pas s'élever à la hauteur de ce que fut le gaullisme. C'est la réflexion que le Général m'avait faite en Irlande ; et dont je me souviens en propres termes : « Pompidou ne s'élève pas au niveau qu'il convient. » Vous ne savez peut-être pas qu'en mai 1968, j'ai reçu une visite de Jobert, me disant : « Il faut que le Général s'en aille. » C'était ce que l'on disait alors dans l'entourage de Matignon. Je suis alors allé voir Pompidou, et je lui ai fait part de l'inconvenance des propos qui étaient tenus autour de lui, ainsi que de la visite de Jobert. « Ah ! a-t-il répondu, Jobert n'en fait pas d'autres ! Je ne l'ai jamais chargé d'aller vous voir ! » Tricot ajoute : « Naturellement, je n'en ai pas cru un mot. » Quelques semaines plus tard,

---

1. Bernard Tricot, ancien secrétaire général de l'Elysée (1967-1969), conseiller d'Etat.

alors que Pompidou, après avoir souhaité partir, finalement souhaitait rester, il m'a dit, me répète Tricot : « Vous comprenez, mon adversaire à la présidence, c'est Giscard. Il faut que l'élection ait lieu avant que j'aie 60 ans, après, je paraîtrai un candidat trop âgé. » Voilà, me dit Tricot, ce qui explique les propos de Rome et de Genève.

Tricot me parle du Général en mai 1968. Le Général s'est alors reproché d'avoir laissé faire depuis 1962. Pompidou n'avait pas profité du répit que laissait la guerre d'Algérie pour faire les réformes nécessaires. Le Général le sentait et, en son for intérieur, regrettait de n'avoir pas donné les impulsions indispensables. Il évoque alors la note que j'avais adressée au Général en août 1967. Il s'agissait, après les ordonnances, de prendre un nouveau souffle pour diriger la législature. Pompidou n'a rien voulu entendre. Tricot me dit :

— Je m'en souviens, c'est l'ensemble des occasions manquées qui a fait la tristesse du Général après les événements de 1968.

Entre Premiers ministres
8 novembre 1973

Mes rapports personnels avec Pierre Messmer ont toujours été bons. Son gaullisme et sa rectitude morale sont indiscutables. Sa gentillesse est légendaire. Je ne lui en veux pas de mon départ du gouvernement : il ne pouvait qu'avaliser une décision prise par le président de la République. Par la suite, malgré nos tempéraments très différents, je tente d'être pour lui un interlocuteur utile. En contacts réguliers avec le Premier ministre que je croise dans diverses manifestations publiques, avec qui j'entretiens une correspondance, je suis en mesure d'aborder avec lui les sujets importants pour l'avenir du pays. Je n'hésite pas à lui faire part de mes analyses, parfois différentes des siennes. Le 23 septembre, je lui écris :

Mon cher Pierre,

Je vous remercie à nouveau pour votre longue réponse au sujet de la Réunion. Je vous adresserai, en retour, de brèves observations, qui n'attireront pas, de votre part, une nouvelle réponse.

Le dîner de vendredi m'a laissé un sentiment d'inachevé... Nos amis ne paraissent pas conscients du problème que pose à beaucoup le projet de raccourcissement du mandat présidentiel. Si ce n'était pas Georges Pompidou, président de la République, qui le présentait, la majorité du groupe instinctivement y serait opposée. Beaucoup dépendra, pour ce qui concerne quelques-uns, de la vigueur avec laquelle les insinuations des adversaires, voire des partenaires, seront repoussées. C'est du moins ce que je sens et moi-même ressens.

Vous n'aurez pas la même difficulté – au moins apparemment – pour ce qui concerne l'abaissement de l'âge électoral. Mais ne vous faites pas d'illusion. Il y a dans nos rangs une vive inquiétude. La jeunesse ne trouve pas l'UDR assez dynamique, assez pure, assez ferme sur les principes, assez « idéale ». Si l'abaissement de l'âge électoral n'est pas accompagné d'un « rajeunissement » de notre action, et en particulier de notre appareil (c'est pourquoi je suis partisan de Fanton), cet abaissement peut nous faire grand tort – et dans leur for intérieur, beaucoup de nos amis le savent.

Il y aurait encore de quoi dire, si nous voulions vraiment tenter de commander l'avenir. Mais nous nous reverrons, je pense.

Un dernier mot. La succession de Roger Frey à la tête du groupe parlementaire est moins « jouée » qu'on ne le pense et que moi-même je ne vous l'ai dit[1]. Mais qui voudra ?

Croyez, mon cher Pierre, à toute mon amitié.

Quinze jours plus tard, ce 8 novembre donc, je viens le voir à sa demande à Matignon.

Des sujets particuliers sont d'abord abordés, avant les trois questions importantes dont Messmer souhaite me parler. D'abord l'abaissement de l'âge électoral. Messmer

---

1. Roger Frey quittera la présidence du groupe UDR le 28 septembre 1973. Claude Labbé lui succédera.

a bien reçu ma dernière lettre. Il a lu l'article paru dans *la Revue française de science politique* à propos de l'expérience allemande[2] et se demande ce qu'il convient de faire. Nous évoquons la possibilité de commencer par les élections locales...

Il aborde ensuite mon court dialogue de la veille avec Edgar Faure, à l'Assemblée nationale, concernant le droit de communication pour les rapporteurs qui ne font pas partie de la Commission des finances[3]. Il me remercie de la position que j'ai prise, me résume l'échange de lettres qu'il a eu avec Edgar Faure à ce sujet, m'indique qu'il fait étudier la position qu'il va prendre, soit juridique, soit politique, mais, de toute façon, identique à celle que j'ai défendue.

Le soir même, au bureau exécutif de l'UDR, il me dira qu'il a écrit à Edgar Faure pour lui indiquer que le gouvernement estimait que la décision qu'il avait prise n'était pas admissible et ne serait pas acceptée.

2. Voir « En relisant nos lettres », p. 67, note 46.
3. Edgar Faure, président de l'Assemblée nationale, a accepté une demande des « rapporteurs spéciaux » de la Commission des finances qui s'étaient heurtés au refus de l'administration de leur communiquer certains documents. Il annonce, en début de séance, le 7 novembre, que les « rapporteurs spéciaux » seront désormais directement en rapport avec les ministres. Je me lève de mon banc et prends la parole pour protester contre cette décision : « Si nous devons revenir à un régime où les commissions et les rapporteurs se substituent au gouvernement, nous reverrons la confusion des pouvoirs qui a fait le drame de la République. Je souhaite que le bureau applique la Constitution non seulement dans sa lettre mais dans son esprit. »
Edgar Faure : « Je m'empresse de dire à Michel Debré que le bureau n'a pas l'intention de réformer la Constitution. Nous savons d'ailleurs que cela paraît être une entreprise assez difficile. » Sourires et rires. Applaudissements très vifs des communistes, socialistes, réformateurs et Républicains Indépendants. « Je ne vois pas comment le contrôle du Parlement pourrait conduire au dessaisissement du pouvoir exécutif. » Cité *in* Raymond Barillon, « Une passe d'armes édifiante », *Le Monde*, 9 novembre 1973.

Il aborde ensuite le premier sujet : les assises de l'UDR qui doivent se tenir les 17 et 18 novembre prochains à Nantes.

Pierre Messmer. – Etes-vous bien d'accord pour affirmer l'unité et la cohésion du mouvement ? Je suis très attaché à ce que les assises ne donnent pas l'impression de divergences.

Michel Debré. – Vous n'avez aucune crainte à avoir. Je ne comprends d'ailleurs même pas que vous ayez des craintes en ce qui me concerne. Si ces craintes viennent de plus haut, j'en suis surpris. S'il est apparu, par exemple, à Poitiers, dimanche dernier[4], qu'il y avait une fêlure dans l'UDR, c'est dû au fait que Vertadier[5] avait reçu instructions de ne pas être présent à mes côtés.

Surprise de Messmer : – Donc, le manquement à l'unité ne vient pas de vous ?

Michel Debré. – Concluez vous-même !

Deuxième sujet : l'inflation.

Pierre Messmer. – Je viens d'avoir une longue conversation avec Giscard, et maintenant j'ai compris. Il m'a dit en propres termes qu'il ne voulait plus rien faire. Qu'il m'appartenait, à moi, de décider des mesures, si j'estimais nécessaire de prendre ces mesures, et que lui se bornerait à les exécuter. Puisque l'UDR, m'a-t-il dit, veut prendre la tête de la lutte contre l'inflation, très bien, ce n'est plus mon affaire. Dans ces conditions, j'ai constitué un groupe d'études autour de mon collaborateur Friedmann[6] afin de faire le point.

---

4. Le dimanche 4 novembre ont eu lieu à Poitiers les assises départementales de l'UDR de la Vienne. J'ai longuement pris la parole pour, après un tour d'horizon de la situation politique, insister sur la lutte contre l'inflation.

5. Pierre Vertadier, secrétaire d'Etat à l'Intérieur.

6. Jacques Friedmann, conseiller pour les affaires économiques et financières auprès du Premier ministre.

Michel Debré. – Cette attitude de Giscard ne m'étonne pas. J'ai écouté la réponse qu'il a faite lundi dernier à la télévision quand on a évoqué sa responsabilité dans le plan de stabilisation de 1963 : «J'avais 37 ans, c'est le général de Gaulle qui décidait.» Nous avions évoqué l'attitude de Giscard lors de notre conversation du mois de juillet : il refusait déjà d'envisager quoi que ce soit...

Pierre Messmer. – Mais jamais il ne s'était découvert comme hier dans notre conversation.

Michel Debré. – Il est bien difficile pour un Premier ministre engageant une politique financière de ne pas pouvoir compter sur son ministre des Finances.

Pierre Messmer. – En effet, c'est un problème, et peut-être un problème de gouvernement.

Je n'insiste pas si ce n'est pour lui dire :

– Il me paraît indispensable de ne pas tarder, à la fois pour prendre des dispositions et pour s'expliquer devant l'opinion.

La troisième question dont voulait me parler Messmer a trait à l'avortement[7].

Pierre Messmer. – Faut-il faire venir le texte de loi en décembre ? Faut-il attendre avril ? Tel qu'il est, il peut être débattu par l'Assemblée dès le mois de décembre, mais quelle majorité le votera ? Je sais déjà que les communistes s'abstiendront, que les socialistes voteront pour, mais que les formations de la majorité se diviseront. Dès lors, faut-il attendre avril ? Mais on risque d'avoir de nouvelles provocations d'ici là. Quel conseil pouvez-vous me donner ?

---

7. Le projet de loi concernant l'interruption volontaire de grossesse a été adopté en Conseil des ministres le 6 juin 1973 (voir *supra*, p. 171, note 18). Il est déposé sur le bureau de l'Assemblée nationale et déchaîne les passions, tant parlementaires que publiques. Il doit venir en discussion au Parlement les 13 et 14 décembre suivants.

Michel Debré. – C'est d'abord une question de fond. Qu'entendez-vous faire? Si vous ne touchez pas au texte tel qu'il est, peu importe la date où vous le présenterez au Parlement. Si, au contraire, vous écoutez les conseils qui vous sont donnés par la commission spéciale, par l'Académie de médecine et par quelques autres, vous pouvez faire un nouveau texte, comportant deux titres relatifs à la protection de la future mère, à la protection de la mère de famille, à la protection de la première enfance, puis un dernier titre sur l'interruption de grossesse. Il sera clair alors que l'interruption de grossesse sera une solution quand toutes les autres auront échoué. Ce texte pourra prévoir, par exemple, une consultation d'ordre social, expliquant à la femme qui veut interrompre sa grossesse tout ce que l'Etat, la société peuvent faire pour elle avant qu'elle s'y résolve.

Pierre Messmer. – Mais si on prend cette orientation, les dispositions actuelles sur l'interruption de grossesse seront-elles davantage votées?

Michel Debré. – Je le crois, mais il est clair que vous aurez là un problème à résoudre car certains, prenant en considération l'effort qui serait fait, auront tendance à être très libéraux, alors que d'autres voudront encore, et me semble-t-il à juste titre, une réglementation fondée sur l'idée de légitime défense d'ordre médical, d'ordre social, d'ordre individuel le cas échéant.

Pierre Messmer. – Alors n'est-ce pas reculer pour mieux sauter? Ne vaut-il pas mieux laisser courir ce texte et admettre des amendements?

Michel Debré. – Dans la forme, c'est la plus mauvaise solution. Voyez la loi Royer[8]. Si vous voulez refaire la loi,

---

8. Ministre du Commerce et de l'Artisanat, Jean Royer présente une loi favorable au petit commerce, réglementant notamment l'implanta-

retirez le projet, mettez-le à l'étude. Nous ne sommes pas à trois mois près.

Pierre Messmer. – Je vais réfléchir[9].

Un dernier point avant le départ : ma question sur l'Eurogroupe.

Pierre Messmer. – Galley est vexé que vous lui ayez posé une question alors que vous étiez son prédécesseur[10].

Michel Debré. – J'ai des successeurs dans bien des ministères maintenant et je ne peux pas me taire sur des problèmes sous prétexte que j'ai été, en un temps déterminé, titulaire d'un portefeuille.

Pierre Messmer. – L'Eurogroupe est d'ailleurs en train de se dissoudre. La réponse que vous fera Galley vous satisfera.

Un dernier mot sur la Réunion et la canne à sucre, et la conversation prend fin.

---

tion des grandes surfaces. L'Assemblée nationale refuse son texte. Du 16 au 18 octobre, les commerçants en colère, représentés par le CID-UNATI, ont multiplié les exactions. L'ensemble du projet de loi a été adopté le 19 octobre ; 180 députés se sont abstenus, j'en faisais partie.

9. Le projet de loi sur l'avortement viendra en discussion à l'Assemblée nationale selon le calendrier prévu. Par 255 voix contre 212, le 14 décembre, l'Assemblée décidera son renvoi en Commission. Les commentateurs estimeront que le gouvernement a subi un nouvel échec.

10. Allusion à la séance à l'Assemblée nationale du 7 novembre dernier : « Cette passe d'armes édifiante n'était pas terminée depuis deux heures que l'on apprenait le dépôt par Michel Debré d'une question écrite à M. Robert Galley, son successeur depuis le 5 avril au ministère des Armées, prié de s'expliquer sur l'éventuelle affiliation de la France à l'Eurogroupe, organisme de l'OTAN. Ainsi le fougueux chevalier servant des principes de la Ve République méconnaissait-il l'une des lois non écrites les plus rigoureuses du régime, selon laquelle un ancien ministre doit s'interdire pendant plusieurs mois, si ce n'est pendant deux ou trois ans, toute intrusion dans le secteur dont il a eu la responsabilité », *in* Raymond Barillon, *art. cité.*

Deux émissaires à domicile
8 janvier 1974

Olivier Guichard à 9 heures

Olivier Guichard m'avait téléphoné à Amboise le vendredi 4 janvier, à la fois pour m'adresser ses vœux affectueux et me demander un entretien de toute urgence, dès mon retour à Paris. Il m'avait même expressément demandé si je pouvais, puisque je rentrais le lundi soir, lui offrir une tasse de café le mardi matin.

Il arrive à 9 heures et la conversation a duré près d'une heure. Après avoir beaucoup tourné autour du pot, il me révèle l'objet de sa visite.

Olivier Guichard. – Ne prenez pas mal ce que je vais vous dire, je vous assure que Georges me l'a laissé entendre dans le meilleur esprit du monde : il se demande si vous n'accepteriez pas de prendre la fonction de président du Conseil constitutionnel. Voilà qui vous irait bien, qui vous permettrait d'attendre deux ans, trois ans, peut-être davantage...

Michel Debré. – N'allez pas plus loin, cela ne m'intéresse pas.

Quand, quelques minutes plus tard, il reviendra sur ce sujet en affirmant que c'est mon intérêt, je m'opposerai à lui de la manière la plus vive.

Olivier Guichard. – Nous vivons une période difficile, il ne faut pas faire de remous, or, vos critiques sur la politique en général, sur la politique économique en particulier, même si elles sont justifiées, aboutissent à affaiblir l'autorité gouvernementale, voire l'autorité présidentielle, et, dans ces conditions, si vous continuez, nous n'irons pas jusqu'au bout du septennat.

Michel Debré. – Pourtant, vous-même considérez que le Premier ministre ne remplit pas bien ses fonctions, que la présence de Giscard est très préoccupante pour le présent comme pour l'avenir. Dans ces conditions, où nous mène-t-on ?

Guichard ne sait que répondre : – Si vous continuez vos critiques, vous prendrez la responsabilité d'une rupture.

Michel Debré. – Je ne prends la responsabilité d'aucune rupture, si quelqu'un a à se plaindre, c'est moi et non les autres. Pour ce qui concerne la conduite des affaires générales, je suis étonné de voir la satisfaction que vous exprimez alors que sur l'attitude du Premier ministre dans l'affaire Lip[1] ou sur l'attitude du président de la République en ce qui concerne l'affaire européenne, vous avez commencé la conversation en formulant des critiques plus graves et plus pertinentes que celles que je pourrais faire moi-même. Vous voyez bien l'orientation de certaines politiques. C'est la facilité financière qui nous a guidés. C'est l'obéissance aux Etats-Unis en matière monétaire...

Olivier Guichard. – Cela, c'est Giscard.

Michel Debré. – Ne pas réagir c'est attacher le char de l'UDR à celui des Indépendants donc de Giscard. Belle perspective.

---

1. « Le conflit Lip de Besançon [débuté en avril 1973] continue d'alimenter les passions et l'action désordonnée menée par le gouvernement dans cette affaire n'est pas de nature à ramener le calme. Jean Charbonnel, ministre de l'Industrie, ayant chargé Claude Neuschwander, un jeune patron dynamique, de relancer la société bisontine, l'opinion est fort surprise lorsque, le 5 janvier [1974], Pierre Messmer le désavoue en s'écriant à la télévision : "Lip, c'est fini !" », in Eric Roussel, *Georges Pompidou, op. cit.*, p. 613.

Olivier Guichard. – Mais on ne peut pas mettre Giscard à la porte. Le lendemain, il déclarerait sa candidature aux futures présidentielles contre Pompidou.

Michel Debré. – Voilà le grand mot lâché. On sacrifie la France à une combinaison électorale. Et, par-dessus le marché, vous serez trompé. Il se présentera quand même.

Guichard me dit en terminant que Juillet, revenu auprès du président de la République, souhaite participer à nos déjeuners habituels.

Michel Debré. – Pourquoi pas ? (Mais j'ajoute aussitôt :) Si vous trouvez ma présence inutile, depuis quelque temps déjà j'étais tout prêt à proposer que les déjeuners se tiennent sans moi.

Olivier Guichard. – Mais c'est vous que Juillet veut voir !

Michel Debré. – S'il veut me voir pour me convaincre de rester silencieux, voire admiratif, il n'est probablement pas utile que nous nous rencontrions. Je n'ai ni le désir d'être admiratif, ni le goût de rester silencieux.

Guichard part tristement.

Alexandre Sanguinetti à midi

Sanguinetti m'avait téléphoné à Amboise également pour me demander un rendez-vous le plus tôt possible. Je lui avais fixé mardi matin et j'avais été obligé, par la suite, de le retarder à cause de la demande très pressante de Guichard. J'avais compris pourquoi Sanguinetti voulait me voir en lisant son article publié la veille dans *La Nation*[2] qui, à n'en pas douter, était partiellement dirigé contre moi.

---

2. Alexandre Sanguinetti, « Le Devoir d'unité », *La Nation*, n° 2911, 7 janvier 1974 : « De Gaulle était à lui seul le gaullisme. Aujourd'hui, aucun d'entre nous, quelle que soit sa place dans le mouvement, quelles que soient sa conviction et la qualité de sa fidélité, quelle que soit l'éminence de ses services rendus au pays, ne peut avoir la prétention d'être l'unique détenteur, le seul dépositaire des principes et de l'enseignement que nous a légués le Général. »

Alexandre Sanguinetti. – Je vous demande de m'écouter sans rien dire.

Michel Debré. – Sous réserve de questions que j'aurais à vous poser sur votre article, je n'ai rien à vous dire sinon à vous écouter.

Ses explications sont d'ailleurs très brèves :

– Nous sommes solidaires du président de la République et du gouvernement et, par conséquent, il convient désormais de se taire et d'accepter tout ce qui sera proposé. Mon article ne m'a été commandé ni par l'Elysée, ni par Matignon : c'est bien ce que je pense.

Michel Debré. – Que pensez-vous de l'attitude du gouvernement à l'égard des mouvements autonomistes en Bretagne et en Corse ? Que pensez-vous de l'attitude du gouvernement à l'égard de l'affaire Lip ? Que pensez-vous de l'attitude du ministre des Finances dans les négociations monétaires internationales ? Que pensez-vous de l'attitude du gouvernement à l'égard de Djibouti et de la Nouvelle-Calédonie ?

Alexandre Sanguinetti. – L'important est de passer deux ou trois mois, nous verrons bien.

Michel Debré. – C'est le langage que j'ai entendu sous la IVe République d'une manière constante : attendons deux mois, attendons trois mois, attendons quatre mois, et nous verrons bien. C'est exactement le langage que je ne peux pas entendre. Ou l'on se tait, ou l'on combat. Nous sommes sur la mauvaise pente. L'UDR est à la remorque d'une politique conservatrice et d'une politique de refus de l'indépendance française. Voilà qui n'est pas convenable, voilà qui n'est pas acceptable.

La conversation se poursuit sur ce ton pendant près d'une heure, sans conclusion, et Sanguinetti part aussi triste qu'était parti Guichard, avec le sentiment que je me refuse à comprendre que mon intérêt serait le silence.

Le 8 janvier 1974

Cher Olivier,

Croyez-vous vraiment que nous ne puissions pas être mieux gouvernés ? Croyez-vous vraiment que nous nous donnons toutes les chances pour éviter l'effacement de la France ? Croyez-vous vraiment que nous ne puissions pas mieux commander l'avenir ?

J'aurai traversé la politique – et je continuerai de la faire – sans avoir été compris ni soutenu par les plus proches de mes amis. Telle est la conclusion de notre conversation de ce matin.

Amitié et fidélité.

Michel Debré

Dimanche matin

Cher Michel,

J'ai attendu cette matinée de dimanche pour vous dire que vous exagérez : personne n'aura traversé et ne traversera la vie politique plus entouré et mieux aimé que vous ne l'avez été et que vous ne le serez par vos amis. Je comprends fort bien la raison de la réponse que vous m'avez faite ; mais elle est au premier degré. Vous représentez pour ce régime et pour nous quelque chose d'irremplaçable ; ce quelque chose, nous risquons de le perdre ensemble dans la guérilla. Tandis que l'idée de recours devrait vous être familière –

nous en avons tant parlé depuis 27 ans. Je ne viens pas vous demander d'y réfléchir, mais simplement vous dire que vous avez tort – par période – de prendre la partie pour le tout... et que ça ne m'empêche pas de vous aimer.

Olivier

L'impossible dialogue
1ᵉʳ février 1974

Déjeuner à l'Elysée. L'aspect physique de Georges Pompidou est impressionnant. La bouffissure de la figure a augmenté. La démarche est plus difficile. Il s'affaisse sur un fauteuil plutôt qu'il ne s'assied. Il porte des lunettes, en m'expliquant qu'ayant fait de la gymnastique, il s'est donné un coup à l'œil, sans d'ailleurs s'en apercevoir, mais l'œil droit est impressionnant. C'est sans doute une hémorragie locale. Il me tend tout de suite un papier de six pages, signé de sa main, en me disant :

– Vous voyez, Michel, je ne trahis pas la France !

Le document est une instruction personnelle et secrète destinée aux seuls Premier ministre et ministre des Armées. Cette instruction comprend un exposé des motifs où il est dit pour quelles raisons il est important d'affirmer le caractère national de la défense et de la développer. L'argumentation, tirée de la situation internationale, est excellente. Les instructions comprennent deux parties : d'abord des orientations diplomatiques et notamment un refus absolu de l'Eurogroupe, ensuite des instructions d'ordre militaire qui confirment en fait celles que j'avais données au sujet de la force nucléaire de dissuasion et des armes atomiques tactiques.

Dans la suite de la discussion, Pompidou me dira avoir augmenté les armes atomiques tactiques en nombre et analysera leur répartition. Il évoquera, en outre, l'arrêt total des conversations bilatérales engagées de mon temps au sujet des missiles et des armes nucléaires : «Les Américains ne veulent plus rien nous donner.» A la fin de la conversation, ses derniers mots seront pour me recommander de ne dire à personne que j'ai lu cette instruction personnelle et secrète. Naturellement, après l'avoir lue, je lui donne mon accord complet sur la ligne générale de cette instruction.

Aussitôt après, et pendant tout le déjeuner, la conversation va porter sur la conférence convoquée à Washington par le gouvernement américain[1].

Georges Pompidou. – Kissinger veut parler de tout, non seulement de l'énergie mais du système monétaire. Je suis vraiment très embarrassé pour répondre.

Michel Debré. – Je comprends votre embarras. Moi qui suis hors du gouvernement, ma réponse ne peut être que négative.

Georges Pompidou. – Si Charbonnel était un autre homme, je l'aurais envoyé. Ministre chargé de l'Industrie, il ne pourrait pas nous engager bien loin dans les affaires politiques. Mais je ne peux pas l'envoyer ; cela ne ferait pas sérieux. Je ne veux pas non plus envoyer Giscard. Il m'a dit hier que Schultz[2] lui avait téléphoné en insistant. Je lui ai répondu que je n'avais cure des coups de téléphone, et qu'il resterait à Paris. Je ne peux pas non plus envoyer Lipkowski[3], cela aurait l'air de se moquer des Américains, car il n'a pas de responsabilités. Donc, si quelqu'un y va, c'est Jobert[4], et Jobert seul.

1. Le président Nixon avait invité huit grands pays du monde occidental (dont le Japon) à venir à Washington pour une conférence des grands pays industrialisés consommateurs d'énergie.
2. George Schultz, secrétaire américain au Trésor.
3. Jean de Lipkowski, secrétaire d'Etat aux Affaires étrangères.
4. Michel Jobert, ministre des Affaires étrangères.

Il me dira, dans le courant de la conversation, que Jobert est plutôt réservé, voire négatif.

Georges Pompidou. – Pouvez-vous m'exposer les motifs qui paraissent justifier notre abstention ?

Il m'interrompt très vite pour me donner raison :

– Kissinger veut faire comme Brejnev et il le fait avec la brutalité germanique. Il s'agit de rameuter tout le monde autour de soi.

Michel Debré. – La conférence est-elle préparée ? Y a-t-il un ordre du jour ? Des décisions ?

Georges Pompidou. – Tout est à l'ordre du jour. Rien n'est vraiment préparé et ce qui sortira, ce sont des groupes de travail où, finalement, nous serons emprisonnés.

Michel Debré. – Du point de vue national, cette conférence risque de nous faire perdre la face.

Georges Pompidou. – Oui, mais les Américains peuvent se venger.

Michel Debré. – Quelle vengeance peuvent-ils exercer ?

Georges Pompidou. – Ils peuvent nous desservir auprès des pays arabes.

Michel Debré. – J'en doute.

Je reprends les arguments favorables à l'abstention.

Georges Pompidou. – Oui, y aller c'est la facilité. Ne pas y aller c'est un acte, un grand acte.

Michel Debré. – Si vous décidez de ne pas y aller, il faudrait envisager une courte déclaration de Jobert à l'issue du Conseil des ministres, une convocation par Messmer des dirigeants parlementaires de la majorité, de votre part à vous, enfin et surtout, une conférence de presse de 20 ou 30 minutes. En même temps, il faudrait prendre des précautions pour éviter de la part de certains – il m'interrompt : – Sanguinetti ! – des déclarations excessives[5].

5. Le 6 février, le Conseil des ministres décide que la France sera présente à la conférence de Washington.

La conversation se termine sur une appréciation des Américains et des Russes :

– Les Américains sont brutaux, mais les Russes ne nous aident pas.

Après le dessert, qu'il apprécie en gourmet, nous restons un instant à la table du déjeuner.

Georges Pompidou. – Je vous ai fait transmettre une proposition que vous n'avez pas acceptée. Peut-être ai-je eu tort de vous la faire proposer comme cela a eu lieu, mais je ne veux pas que vous puissiez croire que je voulais vous neutraliser ou vous écarter pour toujours. Quelques années au Conseil constitutionnel, dans les fonctions éminentes de président, vous auraient permis d'abandonner la Réunion sans que personne puisse rien dire, et l'avenir vous restait ouvert.

Michel Debré. – J'ai peut-être eu tort de répondre vivement car la proposition marquait de votre part de vrais sentiments d'amitié, mais j'étais vraiment en droit de penser qu'il s'agissait d'une manœuvre. Guichard pense qu'il sera le prochain Premier ministre. Il ne veut pas se heurter à moi. Il veut maintenir Giscard dans ses fonctions. Dans ces conditions, il faut que je quitte la politique et, si je ne quitte pas la politique, je porte atteinte à la majorité. C'est un raisonnement inadmissible.

Pompidou ne répond pas tout de suite.

– Je comprends votre refus.

Silence.

– Je n'insiste donc pas.

Silence.

– Mais croyez bien que je ne l'ai pas fait, pour ce qui me concerne, avec une mauvaise idée. La présidence du Conseil constitutionnel demeure un très grand poste.

Après un silence, je lui redis : – J'ai peut-être été vif dans la forme de mon refus, mais, quant au fond, vous ne pouviez pas douter de ma réponse.

Silence. Pompidou est visiblement déçu.

Nous passons dans la pièce à côté. Café. Cigares. Pompidou me parle alors des élections présidentielles.

Georges Pompidou. – Naturellement, si je me représente, il n'y aura pas d'autre candidat de la majorité, mais si je ne me représente pas, que va-t-il se passer ?

Michel Debré. – Je n'ai pas besoin de vous répondre, vous savez aussi bien que moi que Giscard et Chaban sont tous deux en ligne.

Georges Pompidou. – Giscard, ce n'est qu'un habile, il n'a pas de qualités de fond. Je comprends bien qu'il soit difficile à la majorité de le louer. C'est aussi difficile de le critiquer. C'est aussi difficile de rester silencieux. Mais, en fin de compte, il n'a pas de chances.

Michel Debré. – J'en doute. Il apparaît comme l'homme important. Les mois qui viennent augmenteront son importance. Sa politique conservatrice est mauvaise du point de vue social. Ses orientations en politique extérieure en font trop facilement un renonceur, un abdicateur...

Pompidou me parle ensuite de Chaban : – Il est trop ambitieux. Il est trop léger. N'avez-vous pas vu sa dernière déclaration ?

En effet, le matin même, les journaux avaient annoncé que Chaban, parlant à Bordeaux devant le conseil régional, avait dit : « La région va nous donner le meilleur des moyens pour résoudre les problèmes de la société nouvelle[6]. » Cette formule m'avait heurté. Elle avait heurté aussi Pompidou.

6. Les propos exacts de Jacques Chaban-Delmas sont : « Suffisamment proche de l'échelon central pour aider les interlocuteurs de l'Etat à comprendre les contraintes et cohérences nationales, suffisamment proche des réalités locales pour que la recherche des solutions concrètes soit engagée sur le terrain même où leur efficacité est finalement sanctionnée, la région s'offre comme un moyen efficace de maîtriser le changement français. A nous de l'employer », *in* « M. Chaban-Delmas : une nouvelle société devient indispensable dans les temps difficiles », *Le Monde*, 1ᵉʳ février 1974.

Georges Pompidou. – Vous voyez, nous pensons toujours la même chose pour les choses essentielles.

Pompidou revient sur l'affaire du *Point*, et l'attaque de ce journal contre Messmer[7].

Michel Debré. – Chaban ne peut pas être tenu pour responsable.

Pompidou a l'air d'en douter : – Il est très lié avec l'équipe.

Il m'apprend à ce moment-là que le conseil de rédaction a voté pour savoir si l'on ferait l'article contre Messmer, par 5 voix contre 3. Chaban n'a pas pu ne pas être au courant :

– Messmer ne l'oubliera pas. Il est homme de l'Est. Il est donc rancunier. Voici maintenant l'affaire de *France-Soir*. Je n'étais pas intervenu pour nommer Méo[8], mais

7. *Le Point* du 21 janvier 1974, n° 70, publie en couverture Michel Jobert avec ce titre : « L'Homme qui monte. » L'article de Georges Suffert présente Jobert comme le futur Premier ministre : « Georges Pompidou, résume un ministre bien informé, ignore s'il se représentera en 1976. Il ne veut pas de Giscard et se défie de Chaban. Tout bien pesé, il préférerait peut-être Messmer, mais il n'est pas du tout sûr que Messmer puisse l'emporter contre Mitterrand. Donc, un beau matin, il mettra tout le monde en réserve de la République et installera Michel Jobert à Matignon, justement parce qu'il est hors de la compétition élyséenne. [...] » Cette campagne anti-Messmer sera sans conséquence puisque, le 27 février, Pierre Messmer constituera son troisième gouvernement.

8. Jean Méo, ancien élève de l'Ecole Polytechnique, ingénieur en chef des Mines, a été chargé de mission au cabinet du général de Gaulle en 1958 et au secrétariat de la présidence de la République en 1959-1960. Il entre à la Société Française Editions Publications en mai 1972 comme directeur général délégué. Il quitte ce poste en janvier 1974 à la suite d'un désaccord avec Hachette. En mars de la même année, Jean Méo sera nommé directeur général de l'agence Havas (dont il deviendra P-DG en juin 1974). Voir Claude Bellanger, Jacques Godechot, Pierre Guiral et Fernand Terrou, *Histoire générale de la presse française*, t. V : *de 1958 à nos jours*, PUF, 1976, p. 361, note 4.

remplacer Méo par Amouroux[9], vous voyez bien ce qu'on va dire. Amouroux vient de Bordeaux.

Il me parle alors de l'affaire Hachette :

– Roquemaurel est un imbécile. Ce sont ses collaborateurs qui dirigent et ses collaborateurs peuvent être commandés par Chaban.

J'essaie de diminuer cette sorte de colère contre Chaban.

Georges Pompidou. – Il est vraiment bien léger. Sans doute il plaît, et c'est un grand atout en politique.

Il me parle ensuite de l'UDR :

– Je déplore que l'UDR ait nommé un Claude Labbé comme président du groupe parlementaire. Je déplore que l'UDR ait la nostalgie des Républicains Sociaux[10], c'est-à-dire d'un petit groupe ne sentant pas sa responsabilité globale mais soucieux de faire des coups ici ou là.

Michel Debré. – Je n'accepte pas votre analyse. Il est possible que certains aient la nostalgie des Républicains Sociaux...

Georges Pompidou. – Oui, Chaban ; oui, Frey.

Michel Debré. – ... mais le groupe a une autre nostalgie, c'est celle d'un Premier ministre qui ait la responsabilité globale des choses. Le groupe m'a connu Premier ministre, le groupe vous a connu Premier ministre. Il ne se retrouve pas avec Messmer, comme d'ailleurs il ne s'est

---

9. Henri Amouroux quitte en janvier 1974 la direction générale de *Sud-Ouest* pour prendre celle de *France-Soir* où il est, en particulier, chargé de réorganiser la rédaction. Né en 1920 à Périgueux, il a fait presque toute sa carrière au quotidien régional de Bordeaux. Grand reporter, écrivain, il est notamment l'auteur d'ouvrages historiques tels que *La Vie des Français sous l'occupation* (Fayard, 1961), *Le 18 juin 1940* (Fayard, 1964), *Pétain avant Vichy. La guerre et l'amour* (Fayard, 1967). Passer de la direction d'un quotidien de province à celle d'un quotidien à Paris est exceptionnel. Henri Amouroux quittera *France-Soir* en mai 1975. Voir *Histoire générale de la presse française, op. cit.*, p. 373, note 1.

10. Formation politique créée en 1954 par des parlementaires gaullistes, après la dissolution du RPF.

pas retrouvé avec Chaban, mais encore moins avec Messmer qui ne commande pas ses ministres, qui ne dirige pas sa majorité. Lors de la dernière session, le gouvernement est arrivé sans programme d'avenir et Messmer s'est fait en quelque sorte l'introducteur de son ministre de l'Economie et des Finances. Le sentiment qu'il n'y a pas de gouvernement, le sentiment qu'il n'y a pas de responsabilité globale à la tête du gouvernement, voilà la cause de la difficulté, voilà la cause du malaise, et tout le reste est subsidiaire.

Pompidou me reparle longuement de l'élection présidentielle, de la tactique communiste, des chances de Mitterrand :

– Si ce n'est pas Mitterrand, est-ce Mauroy[11] ? Est-ce Savary[12] ? Y aura-t-il un candidat de la gauche ou deux candidats ?

Il m'expose les différentes hypothèses telles qu'il les voit.

J'essaie de lui parler des difficultés qui vont venir, d'ordre économique, d'ordre social, d'ordre politique. Il élude, me disant toutefois :

– Oui, les choses vont se tendre.

Je lui reparle de l'inflation d'hier et d'aujourd'hui. Il m'écoute. Je renonce à en dire davantage. Ou bien il est fatigué, ou bien mon refus a fait perdre son intérêt au déjeuner. La fin de la conversation est d'ordre sentimental.

Georges Pompidou. – En fin de compte, nous avons toujours été très près l'un de l'autre. Nos conceptions fondamentales sont les mêmes. Il n'y a qu'avec vous que je

11. Pierre Mauroy, député-maire de Lille, premier secrétaire de la fédération du Nord du Parti Socialiste.
12. Alain Savary, ancien secrétaire général de la SFIO (1969-1971), député de Haute-Garonne.

me sente en concordance de pensée. Il faut que nous nous revoyions de temps à autre.

Phrases amicales sur la famille ; phrases désabusées sur les problèmes de personnes :
— Qui vais-je nommer à la place de Palewski[13] ? Edgar Faure voulait de son côté nommer Peretti[14]... Vous voyez l'effet...

Je ne réponds pas.

Georges Pompidou. – Gardez bien le secret sur le papier que je vous ai fait lire au début.

13. Gaston Palewski est président du Conseil constitutionnel (1965-1974). C'est Roger Frey que Georges Pompidou nommera pour lui succéder.
14. Achille Peretti, ancien président de l'Assemblée nationale, député UDR des Hauts-de-Seine.

La campagne présidentielle
est ouverte
18 mars 1974

Messmer, alors que j'étais à Saint-Denis de la Réunion, m'avait fait demander si je pouvais déjeuner avec lui et Chaban le lundi 18 mars. Il me dira avoir également pensé inviter Guichard, mais celui-ci ne devait rentrer de Brasilia – où il représentait le gouvernement lors de l'intronisation du nouveau président de la République – que dans le courant de l'après-midi.

La veille, Chaban m'a demandé, avant le déjeuner, de m'arrêter à son bureau à quelques pas de Matignon.

J'arrive chez Chaban vers 12 h 45. Il attend également Roger Frey qui ne vient pas, et qui me dira par la suite qu'il préférait nous laisser parler seuls.

Chaban n'a rien de spécial à me dire, sinon me résumer l'entrevue qu'il a eue avec le président de la République, peu avant mon départ pour la Réunion.

Jacques Chaban-Delmas. – La première partie de l'entrevue a été, de ma part, volontairement tendue. « Je n'ignore pas les suspicions dont je suis l'objet, notamment la campagne contre vous et contre Messmer, dont on prétend que je serai l'organisateur », lui ai-je dit. La seconde partie de l'entretien a été détendue, et même amicale. Pompidou, poursuit Chaban, m'a expliqué qu'il ne voulait à aucun prix se séparer de Giscard d'Estaing pour ne pas avoir de difficultés parlementaires, mais en aucun cas qu'il ne pouvait imaginer Giscard à Matignon ou à l'Elysée un jour.

J'exprime des doutes quant à la valeur de cette analyse. Chaban feint d'être surpris de ma surprise. Il me parle ensuite des centristes, des combinaisons entre les Indépendants et les centristes. Il s'en inquiète. Nous abordons la santé du président de la République.

Michel Debré. – Je vous redis ce que je vous ai dit une quinzaine de jours avant mon départ. Il ne faut plus que vous quittiez le territoire national et, si vous devez le faire, il faut me prévenir pour que je sois présent.

Jacques Chaban-Delmas. – J'ai annulé un voyage à Mexico puisque vous étiez à Saint-Denis. J'agirai comme vous me le demandez.

Michel Debré. – La stratégie de Giscard, fondée sur une disparition prochaine du président de la République, repose sur des renseignements concordants et sérieux, c'est-à-dire que l'hypothèse de 1976 est vraiment une hypothèse parmi d'autres, celles-ci pouvant être considérées comme les plus probables.

Nous nous rendons ensuite à Matignon.

La première partie du déjeuner est consacrée à l'océan Indien : problèmes de la Réunion, de Madagascar, de Maurice, des Comores et de Djibouti. J'évoque mes impressions récentes et nous parlons notamment de questions d'hommes. [...]

La fin du déjeuner est consacrée à la situation politique intérieure.

Jacques Chaban-Delmas. – Les Indépendants et les centristes multiplient les intrigues. Je m'étonne d'une certaine indifférence à l'égard de ces agitations qui affaiblissent la majorité.

Michel Debré. – Je partage l'étonnement de Jacques Chaban-Delmas.

Pierre Messmer. – Vous avez probablement raison.

Jacques Chaban-Delmas. – Je dois avoir des entretiens avec le Centre National des Indépendants (Camille Laurens).

Il n'ose pas évoquer son désir d'entrer en rapport également avec les centristes d'opposition[1].

Vient le café. La conversation continue sur des banalités.

Pierre Messmer. – Je dispose d'un exemplaire du plan intérimaire. Il s'agit plutôt d'une étude préalable, étude que vient de me remettre Montjoie[2].

Messmer me remet son exemplaire. Il est entendu qu'après l'avoir lu, je le passerai à Chaban. De mon côté, je lui remets une note sur les problèmes graves de la Réunion.

Lassé de cette conversation dépourvue d'intérêt, où le problème de l'élection présidentielle n'a guère été abordé que pour évoquer la candidature de Chaban à laquelle Messmer paraît se rallier – mais Chaban craint que Giscard ne soutienne Christian Fouchet pour lui faire perdre des voix[3] –, je prends la parole pour interroger Messmer au sujet de la lutte contre l'inflation.

Pierre Messmer. – Je dois admettre que le papier présenté par Giscard ce matin est maigre, très maigre. Je ne suis pas parvenu à obtenir de Giscard quelque chose de vraiment sérieux.

Michel Debré. – L'excès d'inflation que nous connaissons aura de graves conséquences sociales et politiques. Les mesures pour enrayer ce phénomène ont été prises

---

1. Voir note 4 et note 7 *in* « Nous ne sommes pas sérieux... », 13 juillet 1973, pp. 165-166.
2. René Montjoie, commissaire général du Plan d'équipement et de la productivité.
3. Christian Fouchet, ancien ministre, député non-inscrit, est, avec J.-M. Le Pen, le seul candidat déclaré à la présidence de la République. Il place sa candidature sous l'emblème de la fidélité au général de Gaulle. Il se retirera de la compétition électorale le 15 avril suivant.

trop tardivement. Il faut impérativement définir un plan d'ensemble.

Pierre Messmer. – Je n'en disconviens pas.

Jacques Chaban-Delmas, à l'attention de Pierre Messmer. – Ne pourriez-vous pas prendre la responsabilité de l'Economie et des Finances ?

Pierre Messmer. – C'est impossible.

Michel Debré. – Effectivement, c'est impossible. J'ai assumé successivement les deux postes. Leur réunion représenterait une trop lourde charge pour un seul homme.

Chaban évoque ses rapports avec Giscard. La conversation revient à l'élection présidentielle et sur les chances de Christian Fouchet d'obtenir 3 %, 4 % des voix... J'interromps à nouveau la conversation pour revenir au problème de la lutte contre l'inflation, exposer ce qu'est une politique des revenus, le caractère indispensable d'un plan intérimaire.

Pierre Messmer. – Je n'obtiendrai jamais cela de Giscard.

Michel Debré. – Changez alors le titulaire du portefeuille de l'Economie et des Finances.

Messmer lève les bras au ciel.

Michel Debré. – La présence de Giscard est une cause de faiblesse permanente pour la majorité en général et votre gouvernement en particulier. Son insuffisance financière, ses conceptions diplomatiques, et, par-dessus tout, son désir forcené d'être candidat, avec le sentiment que l'affaire peut se jouer avant 1976, aboutissent pratiquement à une négation permanente de l'intérêt national. Je ne saurais vous cacher qu'il ne me sera pas possible de marquer la moindre solidarité avec le gouvernement dans un domaine aussi grave.

L'heure avance. Mes interlocuteurs répondent gentiment, sans me contredire, et chacun s'en retourne à ses occupations.

Conclusion

Mardi 2 avril 1974

« Dans le courant de l'après-midi, une visite de Berger[1] m'annonce que l'état de Pompidou est à ce point grave qu'il ne présidera pas le Conseil des ministres. Je comprends de quoi il s'agit. Je téléphone à Guichard, à qui j'avais parlé, une fois de plus à mon retour de la Réunion, des préoccupations que l'on devait avoir et je lui dis :

– Avez-vous bien conscience que la mort de Pompidou est une question d'heures, dans les deux ou trois jours ?

Olivier Guichard. – En êtes-vous sûr ?

Michel Debré. – Huit jours au maximum.

Olivier Guichard. – Je suis profondément surpris. [...]

Le soir, est prévu depuis longtemps un dîner chez mon ami l'industriel Pierre Burelle, où sont présents Christian Bonnet[2] et le baron Bich. Au milieu du dîner, coup de téléphone pour Christian Bonnet, qui revient en silence et me fait un geste de la main qui signifie clairement que Pompidou est mort. [...] J'annonce aux convives la mort

1. Gérard Berger est un de mes anciens collaborateurs. Il est chargé de mission auprès du Premier ministre.
2. Christian Bonnet, secrétaire d'Etat auprès du ministre de l'Aménagement du territoire.

du président de la République. Pierre Burelle me rappellera que je suis parti à Matignon en prévoyant que le futur président de la République serait Giscard [...].

Ces notes, prises le 20 avril 1974, fixent les circonstances dans lesquelles j'appris le décès du président de la République ; elles ne disent pas la peine qui fut la mienne lorsque je connus la mort de mon ami Georges Pompidou. Les documents accumulés dans ce livre en témoignent : nos relations ne furent pas toujours faciles. Nous divergions dans l'analyse politique à court terme, dans la tactique à adopter, par rapport aux centristes notamment. Nous n'accordions pas la même attention aux problèmes économiques. La surinflation qui s'installait alors en France créait un état de crise durable. Des mesures efficaces eussent permis au pays de mieux affronter la concurrence internationale exacerbée, d'aborder en position de force les étapes à venir de la construction européenne. Des années après, je reste persuadé de la validité de mes analyses. Mais celui qui, en politique, n'est pas vainqueur a toujours tort. Et j'ai été vaincu. Je n'étais pas un interlocuteur de tout repos. J'ai refusé la présidence du Conseil constitutionnel que m'offrait Georges en 1974. Je n'ai voulu voir dans cette proposition qu'un calcul politique, c'était aussi le dernier cadeau d'un homme qui avait compris que dans la vie politique française, il n'y aurait plus de place de premier plan pour un homme comme moi.

Je répugne toujours à parler sur un plan trop personnel des personnalités publiques. La maladie de Georges Pompidou alimentait interrogations et rumeurs dans le monde politique, j'en ai été témoin mais j'ai aussi été témoin du formidable courage d'un homme qui n'a jamais cessé de lutter. Dans la dernière lettre que je lui ai adressée, le 26 mars 1974, de Montlouis, je lui écrivais :

> Mon cher Georges,
>
> J'ai passé quelques jours au bord de la Loire lisant et m'occupant des habitants d'Amboise. J'ai eu tout le loisir de penser à vous, aux fatigues et aux souffrances que vous endurez et au courage dont vous faites preuve pour accomplir votre tâche. Je souhaite que la médecine, promptement, vous soulage et vous guérisse. [...]

Cette dernière lettre me vaut un coup de téléphone de Jacques Foccart chargé, par Georges Pompidou, de me transmettre ses amitiés. Je l'ignore alors, mais cet échange a lieu quelques heures avant la mort de Georges. Nous nous sommes quittés réconciliés.

Au cours des trente années où Georges Pompidou et moi nous sommes connus, nous sommes l'un et l'autre devenus des hommes publics : nos faits et gestes ainsi que nos carrières, surtout la sienne, appartiennent à l'histoire. Puisse ce livre contribuer à transmettre aux jeunes générations ce qui nous a toujours animé et guidé : l'amour de la France.

Table

Cet ouvrage a été composé
par I.G.S.-Charente Photogravure à l'Isle-d'Espagnac
et achevé d'imprimer
par Bussière Camedan Imprimeries
à Saint-Amand-Montrond (Cher)
en janvier 1996

N° d'édition : 15153. N° d'impression : 1/93
Dépôt légal : février 1996

Imprimé en France